CONTRA EL PESIMISMO

FERNANDO DÍAZ VILLANUEVA

CONTRA EL PESIMISMO

El triunfo de OCCIDENTE y de la CIVILIZACIÓN que forjó un mundo MEJOR

HarperCollins

Editado por HarperCollins Ibérica, S. A.
Avenida de Burgos, 8B - Planta 18
28036 Madrid
www.harpercollinsiberica.com

Contra el pesimismo. El triunfo de Occidente y la civilización que forjó un mundo mejor

Diseño de cubierta: Equipo HarperCollins Ibérica
Imágenes de cubierta: Dreamstime
Maquetación: J. A. Diseño Editorial, S. A.
Fotografía de solapa: archivo del autor

ISBN: 978-84-1064-388-8
Depósito legal: M-15945-2025
Impreso en España por Unigraf

FSC
www.fsc.org
MIXTO
Papel | Apoyando la silvicultura responsable
FSC® C120704

ÍNDICE

Para Andrea, ella sabe bien por qué.

Prólogo para un libro necesario

José Soto Chica

Un escritor sabe que existen muchos tipos de libros: sesudos y ligeros, novelas y ensayos, de terror y románticos, científicos y poéticos, personales, fríos y sin alma... Sin embargo, hay una clase de libro que todo escritor que se precie aspira a escribir: el necesario, el imprescindible. Ustedes, alégrense, están a punto de disfrutar de uno de ellos.

Pero ¿por qué este libro es necesario? Porque les obligará a reflexionar sobre una sutil trampa que les han tendido y que, como toda buena estratagema, amenaza con paralizarlos y privarles de lo más precioso: su libertad. Sí, la de verdad, esa que permite pensar sin que otros te digan qué y cómo debes hacerlo.

Se hallan, pues, ante un manual redactado para personas libres y que, además, para colmo de osadía, quieran ejercitar su libertad con una sonrisa y con la seguridad de que el futuro no es, ni tiene por qué ser, un oscuro y terrorífico lugar donde renunciar a la esperanza.

Esperanza y libertad. ¿Acaso no son estos los «materiales» con los que nuestra civilización ha construido el rico, seguro y hermoso mundo en el que vivimos? Sí, esos son. Pues, aunque la razón, la ciencia, la tecnología, el humanismo, etc., también han ayudado mucho, lo cierto es que los dos principios fundadores, por así decir, sobre los que los occidentales hemos erigido nuestro bienestar y nuestro poder cultural y político han sido la «libertad» y la «esperanza».

Libertad para pensar, para soñar y para perseguir esos sueños y poder laborar en su consecución; y también esperanza para juntar fuerzas con las que acometer tales empresas. Y es que, sin ellas, sin la libertad y la esperanza, de poco sirven la razón, la ciencia, la tecnología y todo lo demás. De hecho, de todos los futuros imaginables, el que más miedo me da es uno gobernado por la ciencia, por la razón y la tecnología, pero en el que la libertad haya sido suprimida por completo o, peor aún, amansada por completo.

Pero este libro no va de futuros terribles, sino de un presente en el que la libertad se halla amenazada por mor de un pesimismo que parece empeñado en robarnos la esperanza. Ese «enemigo a batir», el «pesimismo», no es un enemigo natural, sino uno artificial, y que ciertas ideologías y políticos nos han inoculado para hacernos más dóciles, más manipulables. Pues no tengan duda de ello, una sociedad pesimista es una sociedad débil y fácil de controlar.

El logro de mi admirado Fernando con este libro es triple: acertar con el diagnóstico, alertar sobre el peligro y dotarnos de las herramientas y saberes necesarios para conjurarlo.

Cicerón, que sabía mucho de políticos dispuestos a manipular al pueblo, definió a la historia como «maestra de la vida». Me parece una definición perfecta a la que yo me atrevo a añadir que la historia es la última trinchera de la libertad, pues, en esencia, no es sino experiencia humana multiplicada por los siglos y no hay nada más precioso para la humanidad que la suma de conocimientos y experiencias que ha venido acumulando desde que echó a andar por este planeta.

Así que la historia es algo maravilloso. Sí, y peligroso. Pues la historia se hace y, si los que la hacen la manipulan, podrán ayudar a los tiranos o a los aspirantes a tiranos a condicionarnos. ¿Cómo? Convenciéndonos de que somos lo que ellos dicen que somos y no lo que creíamos ser. Ya saben: quien controla el pasado decide el futuro, pues somos el resultado de lo que fuimos y es sobre los cimientos del pasado sobre los que erigimos nuestra identidad. Fernando, con esa certeza y precisión que le caracterizan como pensador y escritor, dice al respecto: «Cabalgando sobre las identidades, cualquier gobernante puede hacer diabluras y someter a toda la población con una coartada perfecta. Una vez ha establecido cuál es la identidad correcta y única, todas las demás se convierten en enemigas, se fabrica al otro y se le declara la guerra, algo que al principio es simple retórica, pero que en ocasiones deviene en guerra de verdad. En Europa deberíamos saberlo bien porque padecimos una epidemia de identitarismo en los años veinte y treinta del siglo pasado».

No puedo estar más de acuerdo y, si se detienen a pensarlo, en los últimos años el tema de la identidad, esto es, el ansioso esfuerzo de nuestros políticos por decirnos quiénes somos, se ha convertido en pieza esencial de ideologías y partidos.

Y es que la historia es un lugar al que las ideologías y partidos políticos acuden en busca de pruebas, hechos y certezas con las que convencernos de que les demos la razón y que con ella les entreguemos también nuestra libertad. Fernando también señala este peligro: «El pasado es ese lugar extraño que, para hacerlo algo más reconocible, ponemos a nuestro gusto. No es ni malo ni bueno, es lo que es, siempre y cuando ese pasado no se trate de emplear políticamente para exaltar las identidades y ponerlas en pie de guerra contra otros».

¡Qué razón tienes, querido Fernando! Por mi parte, no hace mucho que escribí lo siguiente: «Lo cierto es que el pasado es incómodo y si no les genera esa sensación, preocúpense. Pues cuando algunos se empeñan en adecuar el pasado a su presente, a su ideología y visión del mundo, su propósito real no es hablar de historia».

Pero volvamos al tema axial de este libro. El pesimismo occidental, llamémosle así, no es algo nuevo y se viene manifestando, como poco y en oleadas, desde el fin de la Primera Guerra Mundial. Nada más terminarse esta, el genial Oswald Spengler escribió su monumental *La decadencia de Occidente*, ensayo en el que reflexionaba sobre las causas del ascenso y caída de la civilización europea. Los años que vinieron, los terribles años veinte, treinta y cuarenta del pasado siglo, con su corolario de guerras, genocidios, totalitarismos, dictaduras, etcétera, parecieron darle la razón a Spengler: Occidente se hundía en su decadencia y no podía ya aspirar sino a perecer.

Recién salidos de la Segunda Guerra Mundial, la mayoría de los pensadores y grandes historiadores occidentales tampoco eran especialmente optimistas. Uno de los mejores, el británico Arnold J. Toynbee, nos dejó su brillante *El mundo y el Occidente*, en el que analizaba la historia de las relaciones de nuestra civilización con las otras grandes civilizaciones mundiales: el islam, el Oriente ortodoxo, la India y China, así como las causas de nuestra hegemonía y, para Toynbee, de nuestra decadencia. Pues para Toynbee, que escribía mientras el Imperio británico se disolvía como un azucarillo, estaba claro que la civilización occidental estaba en riesgo de perder su hegemonía global frente a China, el islam y, en menor medida, frente a Rusia y la India. ¿Les suena?

Toynbee, como buen británico, creía que Inglaterra era el mundo. No era algo nuevo, casi dos siglos antes de que él escribiera *El mundo y el Occidente* uno de sus compatriotas más célebres, el también historiador Edward Gibbon, al ver como su nación perdía el control sobre las trece colonias americanas, escribiría *Historia de la decadencia y caída del Imperio romano*, en la que advertía a sus contemporáneos sobre lo que podía venírseles encima si no tomaban nota de lo que había ocurrido con Roma. Gibbon estaba tan empeñado en su idea de «decadencia y caída» que, permítaseme la ironía, «obligó» a los romanos a vivir más de 1300 años de decadencia antes de caer. Peor aún, sus «advertencias» a los británicos de su tiempo fueron un desastre predictivo: Inglaterra rehízo su imperio y lo amplió hasta transformarlo en el dominio global más extenso de la historia. El más extenso y el más rico: para 1914, Gran Bretaña dominaba el mundo mientras se tornaba, de forma imparable, en una nación cada vez más próspera.

En nuestra España, José Ortega y Gasset no era ajeno a ese pesimismo occidental. En su *La rebelión de las masas* diagnosticaba la decadencia del espíritu occidental y, muy particularmente, el de una *España invertebrada* y enfermiza que parecía condenada a la división y el atraso. Y no es que otros pensadores españoles de los años veinte y treinta fueran más optimistas. Unamuno, Menéndez Pidal y otros de su generación no eran la alegría de la huerta, como se suele decir por mi tierra, pero todos ellos quedaron corregidos por la cabezona realidad: desde mediados de los años cincuenta, nuestro país se metió de lleno en una espiral imparable de desarrollo que nos convirtió en una de las diez potencias industriales del globo y que obtuvo el codiciado título de «milagro» a fines de los sesenta e inicios de los setenta. Luego tampoco nos ha ido tan mal: llevamos a cabo la mejor transición política entre una dictadura y una democracia que se pueda recordar, nos integramos en la Unión Europea con éxito y nos hemos convertido en un país famoso por su nivel y calidad de vida.

En los últimos años, las librerías de todo Occidente se han llenado con libros que nos pintan el peor de los futuros y que nos alertan sobre nuestra decadencia sin remedio. Títulos como *La caída de Occidente*, *La derrota de Occidente* o *El suicidio de Europa* se repiten, se venden como rosquillas, nos ofrecen continuas dosis de pesimismo aparentemente racional y bien argumentado que, sin embargo, es desmentido, una y otra vez, por lo que acontece.

¿Que no me creen? Pues crean a los periódicos. No a los de hoy, por supuesto, sino a los de hace cuarenta, sesenta u ochenta años. En ellos podrán leer predicciones apocalípticas de todo tipo y condición: en los años cincuenta se alertaba de que la superpoblación acabaría con el planeta y se gastaron miles de millones de dólares en obligar a las mujeres de la India, entre otras, a esterilizarse, a menudo sin su consentimiento. Era por su bien, por supuesto —siempre le obligarán a hacer cosas horribles por su bien—, pues el mundo no podría superar los cinco mil millones de habitantes sin precipitarse al caos. Pero he aquí que hoy somos más de ocho mil millones y lo que ahora más preocupa, pásmense, no es la superpoblación, sino el envejecimiento y la caída de la natalidad.

Más aún, en los sesenta y setenta la preocupación de nuestros periódicos se dividía entre el enfriamiento global —íbamos de cabeza hacia una nueva glaciación— y la inevitable tercera guerra mundial que acabaría con la humanidad. Pues si están leyendo esto es porque fallaron en ambas pesimistas predicciones: ni glaciación, ni final atómico del mundo, ni agujero de ozono, ni ningún otro terrorífico futuro acechándonos a la vuelta de la esquina.

De hecho, eso de anunciar el fin del mundo nos encanta a los seres humanos y aunque sé que algún día acertaremos, por aquello de la probabilidad estadística, también sé que mientras tanto seguiremos progresando y dejando atrás predicción apocalíptica tras predicción apocalíptica.

Pero, aun así, el pesimismo nos acosa, nos rodea, nos priva de fuerzas... ¿Quién está tan interesado en que así sea? Miren en dirección a esos señores que, envueltos en su particular ideología, siempre están dispuestos a salvarles del desastre a cambio de un módico precio: el de su libertad.

Sí, miren en esa dirección, pero háganlo tras leer este magnífico libro de Fernando Díaz Villanueva y entonces, así pertrechados, sonríanles y mándenlos al carajo, antes de continuar su camino hacia un futuro mejor.

Léase antes de empezar

Vivimos tiempos dominados por el pesimismo. No en todas partes, cierto es. En las sociedades del mundo desarrollado como la europea o la estadounidense el crecimiento económico es moderado porque ya son muy ricas. Estas sociedades opulentas son las más pesimistas. Frente a ellas se encuentran las de los países emergentes, especialmente los que crecen a gran velocidad, como los asiáticos. Allí la población muestra mucho más optimismo e ilusión por el futuro. Algo similar a lo que sucedió en la Europa de posguerra, en la que estaba todo por hacer. Los europeos acababan de salir de una guerra atroz, el continente estaba en plena reconstrucción y lo que tenían por delante habría de ser necesariamente mejor. Desde hace décadas el progreso se percibe mucho más lento y eso genera cierto aburrimiento que fácilmente se torna en negatividad, en especial cuando esa negatividad se instrumentaliza políticamente.

Los medios contribuyen a esa sensación con malas noticias que luego se distribuyen a gran velocidad en las redes sociales. Esto puede explicarse como un simple proceso de mercado. A peores noticias, más audiencia; a relatos más truculentos, más espectadores satisfechos con anuncios desfilando delante de sus ojos; a profecías que presagian el fin del mundo, más sensación de dependencia. No es algo nuevo. Desde la aparición de las primeras publicaciones diarias, los periodistas se han devanado los sesos para ofrecer a su audiencia un contenido impactante que justifique dedicarles tiempo y dinero. El director de un periódico, el editor de un programa de televisión o el creador de contenido que elabora vídeos para un canal de YouTube ofrecen lo que se demanda, del mismo modo que el dueño de un restaurante incluye en la carta los platos que piden sus clientes o el librero coloca en los estantes los títulos que más se leen. La industria de las malas noticias siempre será más grande que la de las buenas noticias o la de las noticias a secas. Eso es algo que descontamos que siempre será así porque no puede ser de otra manera.

El pesimismo actual va más allá de lo que se publica que, como decía antes, siempre ha priorizado lo negativo sobre lo positivo. Se debe a una disposición política para mantener a la gente en el desasosiego permanente. La política y sus activistas son, en última instancia, los responsables del desánimo general. Los políticos aspiran a conquistar el poder y, una vez conquistado, retenerlo todo el tiempo posible. Para ambas empresas, el miedo es una herramienta inmoral, pero muy poderosa, seguramente la más poderosa de todas. El pesimista es de natural miedoso y el miedoso siempre es negativo porque tiene encendidas todas las alarmas y se espera lo peor. Al miedoso se le puede utilizar políticamente valiéndose de sus temores y ofreciéndole soluciones, por lo general mágicas e irrealizables. Para ello, el político y quienes le sirven crean un sentimiento de culpa y fantasean a menudo con un pasado idílico que se puede recuperar a un coste pequeño y asumible. El pesimismo es para esta variedad de políticos un pingüe negocio electoral que debe seguir alimentándose desde el poder.

Esa impostura es lo que me ha empujado a escribir el presente libro, que no versa sobre psicología, sino sobre historia. No se trata tampoco de un estudio sobre el pesimismo, de ese tipo de cosas ya se encargan los filósofos, sino de un repaso eminentemente factual sobre cinco miedos que hacen la vida imposible a mis contemporáneos, más concretamente a los del mundo de habla hispana, que son a los que mejor conozco y con quienes más me relaciono. El primero es la idea muy arraigada de que el mundo va a peor, que hace veinte, treinta o cuarenta años alcanzamos un cenit de libertad y prosperidad y desde entonces vamos cuesta abajo. Otros tiran más atrás y se llevan las ensoñaciones a siglos pretéritos buscando una Arcadia tan feliz como irreal. Como el pasado es un lugar extraño, han decidido recrearlo a su manera. El segundo es la convicción íntima que tienen muchos de mis coetáneos de que Occidente ha fracasado y se encuentra en un avanzado estado de declive ya próximo a su final. Es mentira, naturalmente, y trataré de explicarlo con hechos contantes y sonantes, no con vagas impresiones, que es lo que suelen utilizar los agitadores políticos para colocar su mercancía. El tercero es la pasión insana que se ha apoderado de una parte nada despreciable de la sociedad occidental de llevar el presente al pasado y luego traerlo de vuelta para que un sanedrín lo juzgue y condene de forma implacable. El cuarto tiene que ver con la identidad, uno de los grandes negocios políticos de nuestro tiempo y seguramente el más dañino de todos para la convivencia. La política basada en las identidades no trajo más que desgracias en el pasado y volverá a hacerlo en el futuro si permitimos que ese error intelectual siga expandiéndose. El último afecta a los hispanos y, más concretamente, a los españoles, una comunidad por lo general alegre y despreocupada, pero muy pesimista en todo lo relativo a su pasado y, sobre todo, a lo que le deparará el futuro. Muchos de ellos insisten en una excepcionalidad histórica que les amarga la existencia porque no tardan en señalar culpables o, peor aún, los lleva a enfangarse en la soberbia, que es peor que el pesimismo.

He tratado de ser sintético y didáctico, pero sin escatimar detalles, explicaciones y ejemplos para que los lectores puedan entender lo que expongo. Espero que sea de su agrado y que les invite a la reflexión. Solo con eso ya habrá merecido la pena el esfuerzo que le he dedicado. Como siempre, queridos lectores, tienen ustedes la última palabra.

CAPÍTULO 1

EL MEJOR MUNDO POSIBLE

Pesimismo es, según la descripción que ofrece la Real Academia Española, la propensión a ver y juzgar las cosas en su aspecto más desfavorable. Esa es la primera acepción. La segunda describe el pesimismo como una doctrina que insiste en los aspectos negativos de la realidad y el predominio del mal sobre el bien. Pesimistas de la primera acepción lo hemos sido todos en algún momento. Los hay que lo son casi a diario, que nacieron pesimistas y que morirán de esa guisa. A veces en la vida nos domina el pesimismo porque estamos de mal humor, porque nos han salido varias cosas mal de seguido o, simplemente, porque estamos bien informados sobre algo y nos tememos lo peor. Los pesimistas de la segunda acepción podríamos denominarlos pesimistas ideológicos o, por ceñirnos a la descripción académica, pesimistas doctrinarios. La época en la que vivimos está dominada por el pesimismo doctrinario, especialmente en Occidente, que es donde yo vivo y, por razones de cercanía, lo que conozco de cerca. Me consta que hay otros países en los que impera el optimismo. Por regla general, se trata de países en desarrollo en los que está todo por hacer y el futuro siempre se antoja mejor. Algo similar a lo que sucedía en la Europa de posguerra. Nuestros abuelos acababan de salir de una guerra y, aunque todo estaba en ruinas a su alrededor, confiaban en un mañana luminoso en el que la miseria y las privaciones quedarían atrás.

La Europa de los años cuarenta o cincuenta era mucho más pobre que ahora, las familias europeas, en aquel entonces aún muy numerosas, vivían hacinadas en casas de pequeño tamaño y el salario del cabeza de familia alcanzaba lo justo para comer y vestirse dignamente. A menudo, la madre también tenía que realizar trabajos fuera de casa y, aun con todo, podía traer al mundo a tres o cuatro criaturas que crecían lo más rápido posible para convertirse en hombres y mujeres de provecho cuanto antes. Hace ya muchos años el eminente sociólogo español Amando de Miguel, que pasó a mejor vida hace no mucho —en el caso de Amando lo de pasar a mejor vida le hace una extraordinaria justicia, porque en sus últimos años de vida experimentó un sincero retorno al catolicismo de su infancia—, me contaba en una conversación informal que, siendo él niño en la primera posguerra española, su padre le decía con una sonrisa en la boca que él y sus hermanos tendrían un automóvil en propiedad. Un automóvil en propiedad era el sueño del español medio de los años cincuenta, también del italiano, del alemán o del británico medio. No era para menos. Un Volkswagen tipo 1, más conocido como «escarabajo», costaba en la década de los cincuenta unos 4500 marcos, el equivalente a unos 35 000 euros actuales ajustando la inflación. El salario medio del alemán occidental en aquella época rondaba los 350 marcos mensuales, por lo que necesitaba algo más de un año de trabajo para adquirirlo. Un frigorífico básico, es decir, sin congelador, costaba en esa misma época en Francia unos 200 000 francos, el equivalente a unos ocho meses de salario. Eso en dos de los países que más crecían en aquella época, en otros como España o Grecia semejantes lujos eran inalcanzables para la mayoría.

Europa, a diferencia de Estados Unidos, se motorizó mucho más tarde. Aunque lo que entendemos por automóvil fue un invento alemán, de un tipo llamado Carl Benz que patentó un triciclo al que dio en llamar Motorwagen n.º 1, aquí no hubo un Henry Ford que popularizase el invento. Mientras los estadounidenses con un sueldo promedio de la primera mitad del siglo podían adquirir un Ford T, los europeos seguían viajando en tren y en tranvía. Los automóviles eran para los ricos que podían permitirse un Bugatti, un Rolls Royce, un Maybach o un Hispano-Suiza fabricados a mano uno a uno con esmero y materiales de lujo. Después de la guerra, ya con el milagro económico, empezaron a aparecer modelos de los principales fabricantes que excitaron la imaginación de aquellos jóvenes que habían pasado la guerra de niños o nacieron poco después. Su optimismo estaba más que justificado. El mundo era un lugar mejor que el que habían conocido poco antes sus padres. No solo las cosas iban mejor y la economía crecía, es que sentían que ellos formaban parte de aquel bienestar que, aunque se resistía a llegar, sus primeras luces se anticipaban. Aquello era, como decía antes y a pesar de sus muchos problemas, una sociedad moderadamente optimista.

La de hoy no lo es tanto o, por ponernos pesimistas, que de esto va el presente libro, no lo es en absoluto. Vivimos en una época un tanto peculiar. Por un lado, somos más que nunca, vivimos más que nunca, disfrutamos de mejor salud que nunca y tenemos acceso a más bienes y servicios que nunca, pero, por otro, se diría que somos más infelices que nunca, estamos más insatisfechos que nunca y, lo que es más grave, tendemos a pensar que esto va a ir a peor. Existe, o al menos es lo que yo he podido observar en los últimos años, un decadentismo muy acusado, especialmente entre los más jóvenes, que son quienes, por una cuestión de edad, más optimistas deberían ser. Cierto pesimismo antropológico es explicable a edades avanzadas cuando ya se ha visto todo, duelen los achaques y cunde el desánimo. Los sueños de la juventud quedaron muy atrás y la vida siempre golpea. Además, y esto es importante, la vida es un recorrido lineal cuyo fin todos sabemos cuál es, aunque no nos guste enfrentarnos a él. Un anciano, ese final inevitable lo presume cerca y eso ya es motivo para ser ligeramente pesimista. Pero a un joven aún le queda toda la vida por delante. Sé que no está bien generalizar, pero en esto no queda más remedio. Hay, naturalmente, gente jovial de todas las edades, personas que son pura vitalidad que aspiran a que el fin del mundo los pille bailando. Pero, de un tiempo a esta parte, lo que se lleva es el pesimismo, el todo está mal y estará todavía peor en unos años, algo chocante porque si objetivamos las condiciones de vida de nuestro tiempo con las de cualquier otro, es cuando apreciamos el inmenso privilegio de vivir en un país occidental en el siglo XXI.

El mundo de ayer

Vivimos en el mejor mundo posible. A muchos leer algo así les parecerá escandaloso, pero no hay métrica que se resista. Da igual donde miremos. El mundo en su conjunto es unas cien veces más rico que hace dos siglos. La pobreza es la excepción, no la norma. En 1830, aproximadamente el 80 % de la población mundial vivía en situación de lo que hoy calificamos como extrema pobreza, en nuestro tiempo no llega al 10 % y sigue descendiendo. Cualquier aristócrata del siglo XVIII tenía un nivel de vida muy inferior al del europeo medio de nuestros días, incluso al del más menesteroso. Es cierto que vivía en un palacio fastuoso con coto privado de caza, una legión de cocineros, sastres, jardineros, caballerizos, camareros y hasta violinistas si era aficionado a la música. También solían tener un capellán en nómina para dar servicio en la capilla palaciega y encargarse de tramitar los ritos de paso como el bautizo, la boda o el entierro, amén, naturalmente, de decir misa los domingos y confesar periódicamente a los inquilinos.

Hoy eso no lo tiene nadie, ni los millonarios ni, menos aún, la clase media de los países occidentales. Pero a aquellos aristócratas se los llevaba al otro barrio una simple fiebre en la flor de la edad, un dolor de muelas de lo más ordinario se convertía en una pesadilla, al menos mientras conservasen la dentadura, un lujo que iba perdiéndose con los años. La imagen del anciano desdentado no es un cliché, nadie llegaba al medio siglo de vida con la dentadura intacta. Su dieta era mucho peor que la nuestra, más pobre en todo y siempre estaban expuestos a intoxicarse por el mal estado de los alimentos. Por eso especiaban y salaban la comida en exceso. De hecho, aquellos nobles de tiempos pasados ingerían demasiados alimentos de calidad cuestionable, razón por la cual las diarreas eran tan comunes y a menudo fatales. Un porcentaje muy elevado de los niños sin importar su clase social no superaba los primeros años de vida debido a infecciones gastrointestinales. En fechas tan tardías como principios del siglo XX, incluso en países hoy desarrollados, las enfermedades diarreicas figuraban entre las principales causas de defunción. Hace poco más de cien años, en Estados Unidos la diarrea y la enteritis eran lo que más muertes provocaba por encima de cualquier otra enfermedad. Afectaba a todos por igual porque las condiciones higiénicas eran las mismas y el acceso a agua potable igual de complicado tanto para pobres como para ricos.

A cambio, aquellos nobles vivían en suntuosas residencias. Pero esos palacios que hoy motean la campiña inglesa o francesa entre prados y bosques, o los bellos palacetes urbanos de la nobleza española o italiana, carecían de algo que hoy nos parece imprescindible: el inodoro, que no vería la luz hasta entrado el siglo XIX y no se popularizaría hasta el XX. ¿Imaginan vivir sin inodoro? Pues la práctica totalidad de sus antepasados, por muy ricos que fuesen, vivieron sin él. Sus necesidades fisiológicas las aliviaban en letrinas o en medio del campo. También vivieron sin luz eléctrica, sin agua corriente, sin teléfono y sin más entretenimientos que los que se procuraban ellos mismos. Pero no nos fijemos en los aristócratas, que siempre fueron muy pocos, la inmensa mayoría de nuestros ancestros fueron pobres. No vivían en palacios, sino en chozas o, si podían permitírselo, en casas atestadas que se incendiaban con facilidad y en las que las familias malvivían hacinadas, a menudo desarrollando todas las actividades cotidianas en la misma sala. La práctica totalidad de nuestros antepasados pasaron sus vidas en lo que hoy denominamos infraviviendas. Las ciudades europeas de hace quinientos años nos parecerían favelas brasileñas, pero sin ninguna de las comodidades modernas que tienen hoy esas favelas.

Por mucho que algunos añoren la Arcadia perdida y fantaseen con viajar al pasado, lo cierto es que cualquiera de nosotros no soportaría más de unas pocas horas en el mundo de ayer. Nuestra pituitaria no podría tolerar el polvo de las calles de Madrid, la suciedad de las plazas parisinas o el olor de las orillas del Támesis en Londres. El alcantarillado brillaba por su ausencia. Las aguas residuales y los excrementos (tanto animales como humanos) se arrojaban a la calle, por lo general desde las ventanas. Muchas casas tenían pozos negros empleados como letrinas que se vaciaban de forma irregular, a menudo rebosaban y contaminaban el suelo y las aguas subterráneas. Muchos oficios de la época, como los curtidores o los tintoreros, generaban grandes cantidades de residuos malolientes que se vertían directamente a los ríos que atravesaban las ciudades o se acumulaban en las calles.

Madame d'Aulnoy, una aristócrata francesa que huía de un matrimonio concertado, visitó Madrid en 1691, justo cuando la corte española era un hervidero de intrigas por la incapacidad del rey Carlos II para engendrar descendencia. Decía que «las calles de Madrid son tan estrechas, y la costumbre de arrojar toda la basura por las ventanas tan común, que es casi imposible pasar sin recibir algo de esa inmundicia». Londres no le iba a la zaga, era, de hecho, algo peor porque su aire solía estar más cargado que el de Madrid. John Evelyn, un escritor contemporáneo de Madame d'Aulnoy, habla del aire londinense como «una nube oscura y vil», que cubría la ciudad y dañaba los edificios, la ropa y la salud de los habitantes. Lo comparaba con «el aliento de la boca del mismo infierno». Evelyn, que venía de una familia adinerada de fabricantes de pólvora, pudo permitirse el lujo de visitar Roma y asomarse al mítico río Tíber. Lo que vio fue un curso de agua de un color amarillento y turbio. El color y la turbiedad se lo daban los desechos de la ciudad eterna. Todos iban a parar al río, tanto los orgánicos como los inorgánicos.

Si consiguiésemos superar el golpe sobre nuestra nariz habituándonos al mal olor, nos encontraríamos con un mundo violento, de formas brutales y una pobreza material angustiosa. Un mundo en el que un simple clavo tenía valor porque el hierro no era especialmente abundante. Es bien conocida la historia del pozo y la hoz de hierro que relata Umberto Eco para ilustrar la precariedad y escasez de recursos de los europeos en la Alta Edad Media. El hierro era un material tan valioso y escaso que, si a un campesino se le caía por accidente su única hoz a un pozo, eso le condenaba al hambre porque no podría segar. En las leyendas medievales abundan los milagros de santos que recuperaban herramientas como hoces o azadas, cuyo precio hoy es irrisorio. Una azada para la huerta cuesta unos 20 o 25 euros, el equivalente a lo que un jornalero europeo de nuestro tiempo gana en una hora de trabajo. Las hoces hace tiempo que dejaron de ser necesarias porque la cosecha está mecanizada en buena parte del mundo, incluso en los países en desarrollo.

El hierro era escaso porque extraer el mineral de la tierra era costoso y, sobre todo, porque había que forjarlo a martillazos contra un yunque. No hubo modo de fundirlo hasta finales de la Edad Media, pero siempre de forma artesana, lo que repercutía directamente en el precio. El hierro funde a más de 1500 °C, por lo que hasta que en el siglo XVIII no se empezó a emplear la hulla en los hornos, tenía que fundirse con carbón vegetal. Ese carbón salía de los bosques, que fueron retrocediendo siglo tras siglo en toda Europa. La madera era imprescindible para construir, calentarse y cocinar. Utilizaban el paisaje cercano como única fuente de energía hasta dejar los montes pelados. Hoy el paisaje lo contemplamos extasiados; nuestros antepasados lo depredaban para seguir vivos, pero sin mucho confort, lo justo para seguir tirando.

La ropa era muy cara, por eso se remendaba y se reutilizaba hasta que se tornaba inservible. Solo había dos tejidos a los que la mayor parte de la población podía acceder: la lana de oveja y el lino de origen vegetal. El algodón era un producto de lujo, al igual que las pieles y, no digamos ya, la seda. La lana era el tejido más común; su precio variaba según la calidad. La lana de oveja merina proveniente de Castilla era muy valorada, pero su precio demasiado alto. La lana local de menor calidad era más asequible, pero más basta. Ir con ropa de colores también era un lujo. Los colores eran muy limitados, ya que los tintes como la cochinilla para el rojo o el índigo para el azul eran importados y escasos. La paleta de colores del atuendo cotidiano de nuestros antepasados se limitaba a los colores naturales de la lana (blanco, marrón y gris) que no requerían teñido. No había lavadoras, tampoco detergentes ni agua corriente. La colada se hacía a mano frotando la ropa con jabón artesanal contra piedras o tablas de lavar en lavaderos apostados en las riberas de los ríos. El de las lavanderas era un oficio especialmente duro. Trabajaban de sol a sol, en cualquier estación del año, por lo general hincadas de rodillas en el lecho del río o en cajones de madera. La fricción constante dañaba sus manos y la constante exposición a la humedad les provocaba enfermedades reumáticas y respiratorias como la neumonía y la bronquitis. A finales del siglo XIX, solo en Madrid, había más de 5000 que se fueron quedando sin trabajo con la aparición de las primeras lavadoras eléctricas. Estos aparatos, inventados en Estados Unidos, no hicieron su debut hasta bien entrado el siglo XX, pero eran productos de lujo. Todavía en los años sesenta del siglo pasado seguían siendo caras. Una lavadora automática muy rudimentaria en comparación con las actuales costaba el equivalente al salario medio anual de un trabajador en España. Tenían que pagarlas a plazos y no era lo único. Las familias europeas de aquella época vivían permanentemente endeudadas para adquirir electrodomésticos básicos que se averiaban con frecuencia. Pero, a pesar de ello, se sentían muy afortunados porque podían acceder a bienes de consumo con los que sus padres no hubieran podido ni soñar.

Nuestros antepasados iban pobremente vestidos, por lo general sucios y, además, pasaban buena parte de su vida a oscuras. Una vela de cera a finales del siglo XVIII costaba en Inglaterra unos cuatro chelines, el equivalente a cuatro días de salario de un trabajador no cualificado. Como es obvio, ese trabajador no podía permitírselas, así que compraba velas de sebo que se hacían con grasa de vaca. Eran más baratas, pero desprendían un olor muy desagradable al arder, producían mucho humo y goteaban bastante. Una vela de sebo le costaba a ese campesino aproximadamente un día de trabajo. Podía decantarse por una lámpara de aceite y escoger combustible entre el aceite de oliva y el de ballena, pero ambos eran especialmente caros.

El resultado es que la luz artificial era un bien muy preciado, por lo que, al ponerse el sol, el mundo y casi todos sus habitantes se sumían en la oscuridad, en la de sus casas porque las calles de las ciudades eran particularmente peligrosas. Todas sin excepción, al caer la noche, se convertían en el escenario perfecto de robos, asaltos y emboscadas. En el Madrid del Siglo de Oro las peleas a espada eran corrientes por disputas de juego o por cuestiones de honor que terminaban en duelos, formalmente prohibidos, pero que se libraban igualmente. Los alguaciles, muchas veces corrompidos, no servían para nada. En el campo la cosa no mejoraba. El bandolerismo era moneda corriente, y no solo en lugares apartados como Sierra Morena en España, Calabria en Italia o las regiones boscosas de Europa central. Tan pronto como se salía de las ciudades las cuadrillas de bandidos acechaban en sus cercanías. En Inglaterra se hicieron famosos los *highwaymen*, salteadores de caminos que esperaban a pocas millas de Londres para robar a los viajeros. Bandas similares merodeaban todas las grandes ciudades europeas. Emprender un viaje no solo era una empresa a la que había que dedicar mucho tiempo y recursos, era también algo peligroso en el que se podía perder la vida.

Aquellas ciudades insalubres llenas de casas apiñadas que se incendiaban con facilidad y demasiada frecuencia, peligrosas de noche y que solían estar atestadas de gente eran un paraíso para los virus y los microbios. La higiene personal y pública era deficiente, el acceso a agua limpia muy limitado y, como veíamos antes, la eliminación de residuos consistía en arrojarlos a la calle o al río más cercano, el mismo en el que lavaban la ropa. Lo más temido era la peste, que se declaraba de forma periódica, y sus efectos eran siempre devastadores para la población. La peste la provocaba una bacteria llamada Yersinia pestis, que transmitían los roedores, pero eso lo sabemos hoy, en aquel entonces desconocían de dónde provenía y cómo curarla. El brote más letal estalló a mediados del siglo XIV, afectó a casi toda Europa y liquidó en cuestión de unos siete años a aproximadamente la mitad de la población.

Hoy el continente europeo tiene unos 750 millones de habitantes, ¿podríamos tolerar que en el curso de una década 375 millones de personas muriesen a causa de una enfermedad? Eso mismo fue lo que sucedió entonces. Es cierto que esta pandemia de peste de 1350, más conocida como la peste negra, fue algo realmente excepcional que no volvió a repetirse, pero durante siglos los brotes de peste en ciudades y comarcas fueron algo muy habitual y, sobre todo, recurrente. La peste de Sevilla de 1649 diezmó la población de la ciudad reduciéndola a casi la mitad en apenas unos meses. La de Londres de 1665 mató a una cuarta parte de los londinenses. La de Viena de 1679 dejó la ciudad vacía, murieron unos 75 000 habitantes de los 110 000 que vivían allí antes de la peste. Luego fue saltando de ciudad en ciudad durante años: Dresde, en 1680; Praga, en 1681; Magdeburgo, en 1682. Algo similar había sucedido años antes en Italia. En 1629 se declaró la peste en Milán, de ahí pasó a Venecia, a Bolonia y a la Toscana. Murieron tres cuartas partes de los milaneses, la mitad de los parmesanos y un tercio de los venecianos. Florencia fue relativamente afortunada, ya que la peste solo se llevó al 10 % de su población. Que a alguien le tocase vivir una peste elevaba sustancialmente las probabilidades de abandonar este mundo antes de tiempo. Los europeos de la época lo aceptaban con resignación y hasta construyeron monumentos como

Santa María de la Salud en Venecia o la Pestsäule (columna de la peste) de Viena. En Londres en esa misma época levantaron también una columna monumental, pero para conmemorar el gran incendio que arrasó, durante casi una semana de septiembre de 1666, siete de cada diez edificios de la ciudad.

La peste era la maldición por antonomasia, pero no era ni mucho menos la única enfermedad contagiosa que castigó a nuestros antepasados. La viruela era muy común y se cebaba en los niños. Había epidemias regulares de tifus, de disentería, de escarlatina, de cólera y de malaria. La última gran epidemia de cólera en España se produjo en 1885, ya en plena industrialización con la red ferroviaria y telegráfica creciendo a gran velocidad. Esta epidemia la tenemos bien documentada. Costó la vida a 120 000 personas, aproximadamente un tercio de todos los que se infectaron por beber agua en mal estado. En Madrid fue tan letal que hubo que construir a toda prisa un cementerio al este de la ciudad, el entonces conocido como cementerio de epidemias y hoy llamado cementerio de la Almudena, el mayor de Madrid. No fue una excepción. La última epidemia de cólera en Londres se produjo en 1866, en Roma en 1884 y en París en 1892. En todos los casos por consumir agua de los ríos en los que se vertían residuos orgánicos. Casi todas esas enfermedades han desaparecido en nuestro mundo gracias a los avances médicos, la disponibilidad de agua potable y las mejoras en la higiene; otras siguen entre nosotros, pero su incidencia es mínima. La malaria, por ejemplo, que asociamos a países tropicales del tercer mundo, era endémica en el sur de Europa, especialmente en las áreas costeras del Mediterráneo, las zonas bajas y húmedas del interior (como las vegas de los ríos) y, en particular, las zonas de arrozales. Lugares como los deltas del Po, el Ebro y el Ródano, las marismas del Guadalquivir, las lagunas Pontinas al sur de Roma o la albufera de Valencia eran conocidas por su insalubridad y por eso estaban deshabitados. Si los veranos eran largos y húmedos, la malaria aparecía tan al norte como Gran Bretaña, los Países Bajos e incluso Escandinavia. En las islas danesas de Selandia y Fionia, conformadas por tierras bajas y humedales, el paludismo fue endémico durante siglos. Allá donde había agua estancada y una temperatura lo suficientemente alta como para que se criase el mosquito Anopheles había malaria.

Ser víctima de una epidemia era algo muy común, por eso la muerte estaba tan presente en casi cualquier aspecto de la vida cotidiana. Pero no todas las enfermedades eran mortales de necesidad. Si se conseguía sobrevivir las secuelas eran implacables. Los que pasaban la viruela quedaban marcados de por vida con unas cicatrices a las que se conocía como picaduras. La viruela provocaba la aparición de manchas rojas en la cara que se endurecían a la vuelta de unos días formando pústulas llenas de pus. Estas pústulas, a diferencia de las de la varicela, eran profundas, redondas y firmes, y se distribuían de manera uniforme por el rostro, el tronco y las extremidades, con una notable concentración en la cara. Tras unos días, las pústulas comenzaban a secarse y formar costras, un proceso que podía durar hasta dos semanas. Cuando las costras caían dejaban cicatrices permanentes en la piel. En el rostro estas cicatrices estaban a menudo hundidas en la cara y presentaban una forma irregular. Tener la cara picada permitía identificar a quienes habían padecido la enfermedad. Para las mujeres jóvenes suponía una desgracia porque picadas de viruela tendrían más difícil encontrar un buen marido.

La viruela no era la única enfermedad que dejaba secuelas, de hecho, todas lo hacían. El tifus dañaba los riñones y provocaba problemas cardiacos. La disentería traía aparejadas muchas complicaciones intestinales y abscesos hepáticos. La diarrea y los vómitos intensos provocados por el cólera debilitaban el organismo dejando a quien la padecía listo para contraer otra infección. Pero, sin irnos a enfermedades contagiosas graves, muchas de las cuales ya han desaparecido o se presentan de forma anecdótica y para las que, naturalmente, existe tratamiento, nuestros antepasados padecían las mismas molestias cotidianas que nosotros, pero tenían que aprender a vivir con ellas. Para las migrañas o los dolores menstruales no había remedios inmediatos como tenemos hoy. Un simple dolor de cabeza no se pudo quitar con una aspirina hasta que a finales del siglo XIX un químico de la empresa Bayer consiguió sintetizar el ácido acetilsalicílico. Una de las cosas que más preocupaban a nuestros antepasados eran las heridas, especialmente las profundas, ya que sangraban abundantemente y la posibilidad de infección era muy alta. Este tipo de heridas se gangrenaban con facilidad y no hubo manera de combatirlas de forma eficiente hasta el descubrimiento de la penicilina ya en pleno siglo XX. Gracias a la penicilina se pudieron curar infecciones comunes como la neumonía, la sífilis y la septicemia, cuyo desenlace solía ser mortal. No es casual que su descubridor, el bacteriólogo británico Alexander Fleming, se convirtiese en un héroe homenajeado y celebrado como un salvador en todos los países del mundo.

Las gripes y los resfriados se pasaban con paciencia y remedios caseros que no siempre eran sabios y naturales como a menudo se cree. Los médicos del pasado se ganaron a pulso el calificativo de matasanos. Hasta hace poco más de tres siglos todos los médicos eran seguidores de la teoría de los cuatro humores propuesta por Hipócrates en el siglo V a. C. y refinada por Galeno unos siglos más tarde. Según esta teoría, el cuerpo humano estaba compuesto por cuatro humores —sangre, flema, bilis amarilla y bilis negra—, y la enfermedad era causada por un desequilibrio entre ellos. Para reequilibrar esos humores practicaban las llamadas sangrías, que eran eso mismo: la extracción de sangre del paciente haciendo incisiones en las venas. En ocasiones colocaban sanguijuelas para chupar la sangre del enfermo. Las sangrías se utilizaban para todo, ya fuesen fiebres, inflamación, infecciones e incluso enfermedades mentales. Se daba la paradoja de que en esto los ricos pagaban por su riqueza en esta vida. Podían pagar un médico que seguramente les sangraría, lo que a muchos los llevaba de cabeza a la tumba. Los pobres no podían y eso alargaba su vida. Los pobres, eso sí, pensaban que el rico tenía mucha suerte porque podía contratar a un sangrador.

La vida, como vemos, valía poco, duraba menos aún y siempre estaba amenazada. Nadie tenía del todo claro que fuese a terminar el año con vida, si se presentaba una epidemia o la cosecha había sido mala ni siquiera podían asegurar que llegasen al final del mes en curso. Por eso la población se mantenía más o menos estable. Las enfermedades regulaban la demografía. Las mujeres se pasaban la vida pariendo y a menudo muriendo durante el parto, pero la mortalidad infantil era altísima, insoportablemente alta para la sensibilidad actual. Aproximadamente la mitad de los niños no conseguían llegar a la edad adulta. Los archivos de las iglesias están repletos de certificados de defunción de niños de corta edad. Un paseo por cualquier cementerio en el que aún se conserven tumbas de hace doscientos o trescientos años nos pone frente a la brevedad de la existencia de quienes nos precedieron.

Por más que las europeas del siglo XV o XVI tuviesen una media de seis hijos, muy rara vez sobrevivían los seis. Si una peste no se cruzaba en su camino, la mitad moría en la infancia. En ocasiones no se podía mantener a los recién nacidos y simplemente se abandonaban, por lo general en las iglesias o, en las ciudades más grandes, en instituciones especializadas: las conocidas como inclusas. En la Venecia de finales del siglo XVIII entre el 7 y el 9 % de los niños que nacían cada año se abandonaban. En el Hospital de la Piedad, una institución creada en el siglo XIV por un fraile franciscano llamado Pietruccio di Assisi y que pasaría a la historia de la música porque Antonio Vivaldi fue su maestro de violín durante muchos años, había de promedio unos 1200 incluseros. En la inclusa de Madrid, fundada poco después de que la corte se trasladase a la Villa, había permanentemente unos 1500 niños durante el siglo XVII. La rotación era alta porque la mortalidad en las inclusas era muy elevada, solo uno o dos de cada diez conseguían sobrevivir a la infancia. Dejar un niño en la inclusa era lo más parecido a un infanticidio, pero en aquel mundo lo preocupante no era tanto la muerte en sí como el hecho de que el difunto no fuese al cielo o, como mínimo, al purgatorio de donde podría salir si sus allegados rezaban lo suficiente o aligeraban el trámite adquiriendo bulas en metálico.

La relación de nuestros antepasados con la muerte era muy íntima. Una mujer que alcanzase los cuarenta años había visto morir a sus padres, a la mayor parte de sus hermanos, a la mitad de sus hijos y seguramente también a su marido. Aun así, podía considerarse afortunada porque había llegado a los cuarenta. Los tres caballos del apocalipsis cotidiano eran la guerra, la escasez y las epidemias. La guerra no provocaba tantas víctimas directas como indirectas. La soldadesca vivía del país, arrasaba los campos y saqueaba los graneros. La escasez era lo que mataba literalmente de hambre a la gente. Una mala cosecha, una guerra inoportuna o una epidemia que se llevase por delante muchos braceros ocasionaban hambrunas y eso se traducía en muertos abandonados por los caminos. Pero lo peor eran las enfermedades. Junto a los ejércitos viajaban los microbios. Los soldados diseminaban epidemias por grandes regiones a poblaciones sedentarias que apenas se movían de su comarca. Las hambrunas disparaban las epidemias, especialmente en las ciudades donde la higiene brillaba por su ausencia.

Eso explica que la población europea creciese de forma tan lenta durante tantos siglos. Y no solo la de Europa, también la del resto del mundo. Al comenzar el segundo milenio Europa tenía una población muy escasa, de unos 35 millones de habitantes incluyendo los Balcanes y las estepas rusas. A mediados del siglo XIV rondaba los 80 millones, pero justo en ese momento la peste negra se cobró la vida de aproximadamente unos 25 millones de personas. La recuperación fue lenta y no se alcanzaron los 100 millones hasta finales del siglo XVII. Al término de las guerras napoleónicas no llegaba aún a los 170 millones. La península ibérica, por ejemplo, se mantuvo en el entorno de los seis o siete millones de habitantes desde tiempos del Imperio romano hasta el siglo XVI, para luego descender ligeramente debido a las guerras, las epidemias y la emigración a América. Hasta finales del siglo XVIII España y

Portugal no alcanzaron los 10 millones de habitantes; hoy suman más de 60 millones.

En Gran Bretaña el salto fue aún más llamativo. Durante siglos, Inglaterra no consiguió superar los cuatro millones de habitantes y era habitual que la población se desplomase tras una epidemia. En 1348 se estima que el reino tenía algo menos de cinco millones de habitantes, que quedaron reducidos a unos dos millones y medio tras el paso de la peste y la guerra de los Cien Años. Un siglo más tarde ya estaba por debajo de los dos millones coincidiendo con la guerra civil que enfrentó a los partidarios de la casa de York con los de la casa de Lancaster. En tiempos de Enrique VIII, Londres tenía unos 50 000 habitantes que vivían miserablemente en casas de madera. Hoy el área metropolitana de Londres supera los 14 millones de habitantes, quizá por eso los británicos suelen decir con sorna que la suya es una *tiny, jam-packed island* (diminuta isla abarrotada), pero lo cierto es que nunca lo estuvo hasta tiempos muy recientes. Incluso regiones muy pobladas desde antiguo como el norte de Italia estaban esencialmente vacías. Las ciudades eran pequeñas, muy rara vez superaban los 80 000 habitantes. Milán, la mayor de todas, rondaba los 120 000 en los años que Leonardo da Vinci se puso al servicio de Ludovico Sforza. En todo el norte de Italia no había en aquella época más de cinco millones de habitantes y se trataba de una región muy densamente poblada, repleta de ciudades prósperas y emporios comerciales de primer orden como Venecia, Bolonia o Génova.

Hoy solo la Unión Europea tiene 450 millones de habitantes. El mundo en su conjunto ha dado un salto aún mayor. En los últimos doscientos años ha pasado de mil a más de ocho mil millones de habitantes. La población se ha multiplicado por ocho, pero eso no ha repercutido en hambrunas masivas, de hecho, hay más alimentos que nunca, tantos que los arrojamos alegremente a la basura en cuanto consideramos que no están en condiciones de consumirse. A mediados del siglo XIX, ya con la Revolución Industrial en marcha, en Gran Bretaña y parte de Europa nuestros antepasados iban justos de calorías, por esa razón el sobrepeso era símbolo de riqueza. Los reyes enfermaban de gota porque se atiborraban a carne roja y vísceras. Los pobres, que eran casi todos, se pasaban la vida flirteando con la desnutrición. No es casual que los caricaturistas, cuando quieren ilustrar a un empresario o a un banquero, aún nos lo muestren rubicundo y satisfecho. Hoy la realidad es muy diferente, la obesidad se ceba en las clases bajas del mundo desarrollado y en las incipientes clases medias del tercer mundo. Los ricos suelen estar delgados y exhibir un aspecto fibroso, incluso en edades avanzadas.

EL PASADO ES UN LUGAR EXTRAÑO

Muchas cosas de nuestro mundo sorprenderían a nuestros tatarabuelos. Una de ellas sería el gran número de gente con sobrepeso que circula por la calle. Otra la cantidad de objetos metálicos que nos rodean. El metal es omnipresente en nuestra vida, tanto que no le damos ni valor. Muchos de esos metales hoy ubicuos eran desconocidos para nuestros ancestros de hace solo tres siglos, como, por ejemplo, el aluminio, que no se consiguió aislar hasta 1825. Al principio era poco menos que una curiosidad de laboratorio tan costosa de producir que su precio superaba incluso al del oro, pero hoy lo utilizamos para envases de usar y tirar y para envolver la comida. Otros materiales como el plástico o la fibra de carbono les hubieran parecido obra de un alquimista. Es tal la abundancia de objetos de todo tipo en la que vivimos que uno de los principales desafíos que enfrentan las sociedades del siglo XXI es la gestión de los residuos, no la producción de bienes.

Otra cosa que les llamaría la atención es lo viejos que somos y, al mismo tiempo, la buena salud con la que contamos. Durante siglos llegar a los sesenta años era un privilegio reservado a unos pocos. Los afortunados con una vida larga se lo debían a una genética privilegiada y a la suerte de haber nacido en una época pacífica y saludable o, al menos, sin demasiadas epidemias. Eso no significa que no hubiese ancianos, los había, pero su vejez, que empezaba extraordinariamente temprano para los estándares actuales, era muy dura y estaba llena de renuncias. Perdían pronto los dientes y la vista. Lo primero les obligaba a alimentarse con sopas o a deshacer el pan con la boca. Es bien conocido el caso de Luis XIV de Francia, el rey más poderoso de la Europa de su tiempo, que en sus últimos años no solo no tenía ni un diente, sino que, años antes, durante la extracción de una de las piezas dentales, un cirujano descuidado le perforó el paladar dejando una fístula que comunicaba la cavidad bucal con la nasal. Esto le causaba gran incomodidad y dificultad para comer y beber. Si eso le sucedía a un monarca, ¿qué no padecerían los campesinos? La pérdida de la vista impedía realizar infinidad de trabajos y leer. Esto último no era tan dramático para la mayor parte de la población, ya que casi ninguno sabía leer ni escribir. Tampoco albergaban la esperanza de que sus hijos o nietos aprendiesen a hacerlo.

Los que si sabían hacerlo y se dedicaban al estudio tenían que recurrir pronto a ayudantes más jóvenes para que fuesen leyendo los textos. Esas copias de manuscritos medievales que hoy causan tanta admiración no fueron escritas por venerables monjes metidos en años tal y como solemos imaginar, sino por frailes jóvenes que aún conservaban la vista. Desde antiguo se venía buscando una solución a esto. En la antigua Roma Séneca menciona el uso de esferas de vidrio llenas de agua para magnificar las letras. Siglos más tarde se empezaron a utilizar piedras semipreciosas pulidas, llamadas piedras de lectura, que se colocaban directamente sobre el texto para magnificar las letras. Eran populares en monasterios, pero su uso no demasiado práctico. Las primeras gafas con montura no aparecieron hasta finales del siglo XIII en el norte de Italia. No es casual que los primeros en utilizar lentes de aumento fueran frailes dominicos, cuya especialidad era la predicación, pero para predicar en condiciones hay antes que leer mucho.

Los extremos de la vida, la infancia y la vejez eran extraordinariamente inciertos. Morir en la infancia era moneda corriente y no abundaban los que alcanzaban la ancianidad. El que lo conseguía tenía que seguir trabajando hasta el último día o, si la salud no se lo permitía, dedicarse a la mendicidad. Los niños tenían que trabajar desde muy temprano. Asociamos mentalmente el trabajo infantil a la Revolución Industrial, pero todos los niños que no venían de alta cuna —resumiéndolo mucho, prácticamente todos— tenían que trabajar, ya en la parcela de su familia, ya empleándose de jornaleros en tierras ajenas. Al disponer de menos fuerza física se les pagaba menos y estaban sujetos a la brutalidad de los capataces.

Muchos, sometidos a trabajos extenuantes, crecían deformes y morían prematuramente.

Para nosotros el pasado, por muy cerca que pretendamos percibirlo, es un lugar extraño. Para quienes nos precedieron el futuro es un lugar no ya extraño, es simplemente inconcebible. Nuestros bisabuelos se sorprenderían gratamente de lo fácil y cómoda que es nuestra vida, del modo en el que burlamos al calor en verano y al frío en invierno, de la infinidad de remedios que tenemos para todas las dolencias imaginables, de la cantidad de lugares que conocemos y a los que hemos llegado rápidamente, de la inmediatez de nuestras comunicaciones, de todo el conocimiento al que tenemos acceso, de lo limpias que están las ciudades, pero también los ríos y las costas.

Pesimistas sin motivo

La inmensa mayoría de nuestros antepasados fueron, como acabamos de ver, pobres, analfabetos, murieron jóvenes y pasaron su corta vida asediados por un sinfín de enfermedades que dejaron huella indeleble en su rostro y en su cuerpo. Que al final de ese larguísimo camino de privaciones estemos nosotros debería ser motivo de alegría y no de turbación. No hay motivos para el pesimismo, todo lo contrario, hay motivos de sobra para estar contentos y agradecidos por el espacio de tiempo que nos ha tocado vivir. Y no solo eso, habida cuenta de la formidable progresión de nuestra especie a lo largo de los últimos dos siglos, hay también infinidad de motivos para ser optimistas de cara al futuro.

Ni una sola de las maldiciones que supuestamente iban a caer sobre nosotros se ha materializado. No nos hemos autodestruido con una guerra termonuclear; vivimos en un planeta más verde y limpio que el de hace solo cien años; nunca habíamos sido tantos; vivimos más y mejor; casi todos sabemos leer y escribir; la violencia ha descendido de forma notable; la pena capital es la excepción, no la norma; las sociedades humanas, incluso las más atrasadas, están en contacto unas con otras; los transportes son rápidos y asequibles, la comunicación instantánea y, aunque seguimos sin saber a ciencia cierta por qué estamos aquí, ya son pocos los que están dispuestos a matar por imponer su forma de ver el mundo. Precisamente porque son tan pocos terminan apoderándose de las noticias del día. El mundo es un lugar mucho mejor que en cualquier otro momento de la historia y nosotros también lo somos porque estamos mejor alimentados, vivimos más años, accedemos a infinidad de bienes culturales y no tenemos que soportar las privaciones que atormentaron y envenenaron la existencia a nuestros antepasados. Hoy no es que vivamos mejor que hace cien años, es que si tenemos algún tipo de patología vivimos mejor que hace seis meses porque los avances en medicina son continuos y se suceden a una velocidad asombrosa. Hace solo unos días mi admirado José Soto Chica, amigo, maestro y prologuista de este libro, me decía que hace no tanto tiempo a él, cojo, ciego y medio sordo por culpa de un accidente cuando servía en el ejército, no le hubiese quedado más remedio que malvivir mendigando en la puerta de una iglesia. Eso de haber sobrevivido a las secuelas del accidente. En nuestro tiempo los adelantos médicos y técnicos le han permitido ganarse la vida como historiador y novelista, y llevar una vida aproximadamente normal.

Pero, a pesar de todo lo expuesto, que son simples hechos perfectamente documentados y no tan lejanos en el tiempo, en nuestro mundo, especialmente en Occidente, cunde el pesimismo. Existe un espíritu de fin de era, de que algo bueno se acaba y lo que venga será peor. A esa sensación contribuyen los medios de comunicación y los políticos. Los medios saben que las malas noticias siempre despiertan mayor interés que las buenas. Los seres humanos estamos, además, predispuestos a concentrar nuestra atención más en las malas noticias que en las buenas. Es algo evolutivo, ya que de prestar la debida atención a una tragedia ajena puede depender nuestra supervivencia. Los medios de comunicación saben jugar con el llamado sesgo de negatividad, seleccionan cuidadosamente las noticias en función de lo que creen que tendrá mejor acogida por parte de la audiencia.

Llevo prácticamente toda mi vida profesional dedicado al periodismo y sé bien de lo que hablo. Un titular apocalíptico recibe más atención que uno equilibrado y ajustado a la realidad. En YouTube titular los vídeos y escoger la miniatura adecuada se ha convertido en toda una especialidad de la que depende que el vídeo en cuestión tenga éxito. Si lo que se busca es el clic rápido solo puede conseguirse así. Hay estudios al respecto. En uno de ellos publicado en 2023 por la revista *Nature Human Behaviour* un equipo académico de varias universidades europeas y estadounidenses concluyó que incluir una palabra negativa adicional en un titular de prensa provocaba un 2,3 % más de accesos a la noticia. Ningún director de periódico llevaría a portada que tal o cual problema está solucionado o en vías de hacerlo porque sabe que eso concitará menos atención que un reportaje de aviso sobre una catástrofe cercana o, mejor aún, inevitable en la que se pueda señalar a un culpable con nombre y apellidos. Esto no es cosa de ahora, desde que existe la prensa diaria las malas noticias siempre se han apoderado del menú informativo. Si echamos un vistazo a los titulares de prensa y a las noticias que daban por televisión —hoy hacer esta labor de documentación es muy sencillo porque tenemos acceso a través de internet a periódicos y emisiones televisivas de hace décadas—, observaremos cómo estaban plagadas de amenazas inminentes como la guerra nuclear entre el este y el oeste, las recurrentes hambrunas en el África subsahariana o, más recientemente, la anarquía que se iba a apoderar del mundo por el efecto 2000, una historia de la que ya pocos se acuerdan, pero que fue omnipresente allá por 1999. Ríos de tinta corrieron a cuento de esos problemas que, aparentemente, no tenían solución.

La diferencia que estriba entre aquel pesimismo informativo de hace tres décadas y el actual es que el que ahora nos aflige ha echado profundas raíces en la opinión pública y afecta de forma singular a los jóvenes que, a diferencia de sus padres o abuelos, se han persuadido de que vivirán peor que ellos. Se martillea a los jóvenes con ese embuste cargando las culpas sobre el capitalismo, los inmigrantes, la destrucción del medio ambiente o los avances tecnológicos que volatilizarán los empleos. Esto último no es nuevo. El ludismo reaparece a intervalos regulares en Occidente desde los albores de la Revolución Industrial. Los luditas británicos de principios del siglo XIX culpaban a los primeros telares mecánicos de robarles el trabajo. Desde entonces, cada nuevo avance tecnológico ha servido como excusa para azuzar el miedo al progreso. No ha habido invento revolucionario, desde el telégrafo hasta internet pasando por el ferrocarril, la televisión, los automóviles o la informática, que no haya venido acompañado de un cortejo de pesimistas que alertaban de los problemas irresolubles que traían aparejados. Casi siempre señalaban el coste en puestos de trabajo que supondría la nueva tecnología, ya que nada impulsa más el miedo que ver peligrar el modo en el que uno se gana la vida. La letanía de desgracias se ha demostrado falsa una y otra vez. Cada escalón que la humanidad ha ido subiendo no ha destruido empleos, los ha creado, empleos de mejor calidad, más intensivos en conocimiento y a los que hace falta dedicar menos horas en condiciones de trabajo mucho más confortables. Si los agoreros hubiesen acertado, hoy el mundo sería mucho más pobre y estaría lleno de desempleados. Pero sucede lo contrario, es mucho más rico y uno de los problemas que enfrenta nuestro mundo a medio plazo no es la falta de trabajos, sino de jóvenes que los cubran.

Esta edad de oro del pesimismo se alimenta de una confluencia de intereses un tanto peculiar. Fundamentalistas de toda laya, todos con buena prensa como los ecologistas radicales y su irremediable misantropía, decrecentistas, tecnófobos y nacionalistas que anhelan la homogeneidad étnica se han puesto de acuerdo en angustiarnos a pesar de que vivimos en el mejor de los mundos posibles.

Capítulo 2

La no decadencia de Occidente

Antes de hablar sobre si Occidente está o no en decadencia es preciso averiguar de la forma más ajustada posible qué es eso de Occidente. Lo utilizamos de forma constante desde el siglo pasado, pero no siempre quedan bien definidos sus límites, es decir, que hablamos sin parar de algo, pero a menudo no sabemos bien de qué estamos hablando porque, en función del momento y el lugar, crece o se encoge. Para unos Occidente es tan solo el ámbito de habla inglesa. Para otros se circunscribe a Europa occidental sumándole siempre Estados Unidos, Canadá y Australia. Existe una percepción algo más amplia que incluye también a Hispanoamérica e incluso a aliados lejanos con los que Europa no comparte raíces, pero sí cultura política moderna como Japón, Corea del Sur y Taiwán. En esta última acepción Occidente equivaldría a aquellos países que tienen una democracia liberal como forma de gobierno. Algo muy incompleto porque el éxito de este tipo de sistemas parlamentarios ha sido tal en los dos últimos siglos que hasta las más espantosas dictaduras tienen un parlamento, aunque solo sea de adorno para servir como coro de aplaudidores para el gran líder. Podríamos seguir trazando mapas de Occidente durante días y días y no llegaríamos a una delimitación definitiva. Eso se debe a que Occidente ha superado con mucho su origen geográfico. Occidente no es un lugar, es un concepto, uno muy exitoso. Eso lo veremos más adelante, antes vayamos con la génesis histórica de ese concepto.

El término *occidente* viene, como la mayor parte de palabras de nuestro idioma, directamente del latín. *Occidens* no era más que un punto cardinal, el oeste contrapuesto a *oriens*, el este. Al norte los romanos lo llamaban *septentriones* y al sur *meridies*. Si buceamos en la etimología del término nos encontramos con que *occidens* es el participio presente de *occidere*, que significa caer, matar o perecer. De la misma raíz viene occiso, que en castellano se aplica a alguien que ha muerto violentamente. Occidente, por lo tanto, sería el lugar por donde muere o se pone el sol, lo que en castellano acostumbramos a denominar poniente. En tanto que Roma se encontraba en el centro del mundo mediterráneo, todo lo que quedaba al oeste era occidente y lo que quedaba al este oriente. Durante siglos no hubo grandes diferencias entre el este y el oeste del Mediterráneo más allá de la sofisticación y prosperidad que exhibían las provincias levantinas como Egipto, Siria o Asia. Frente a esa opulencia palidecían las provincias occidentales de Hispania, las Galias, Britania o el limes renano. A Europa occidental había llegado más tarde la civilización y eso tenía consecuencias. Un romano de buena familia prefería ser enviado como gobernador a Éfeso, Alejandría o Antioquía que a Burdeos, Mérida o Tréveris. Los levantinos, por lo general grecoparlantes, miraban con cierta condescendencia a los latinos de la parte occidental del imperio recién salidos de la barbarie.

En el siglo III las dos partes del imperio eran perfectamente distinguibles y fue entonces cuando se produjo la división formal, aunque, en principio, por una razón meramente administrativa. El emperador Diocleciano quería poner fin a varias décadas de inestabilidad y ordenó que el imperio se partiese en dos mitades. La fractura lingüística ya existía. El griego predominaba en la parte oriental y el latín en la occidental. A lo largo de los dos siguientes siglos esa división se ensanchó. La propia Roma perdió incluso la capitalidad del imperio. Constantino se la llevó a Bizancio, una antigua ciudad griega rebautizada como Constantinopla. Pero no traía la corte imperial de Roma, sino de Milán, adonde se había desplazado durante la crisis del siglo III. Años más tarde, tras la división de Teodosio el Grande, su hijo Honorio la trasladaría a Rávena, una ciudad portuaria rodeada de marismas en la costa del Adriático, por temor a los saqueos de los pueblos germánicos que ya habían cruzado los Alpes. La caída del Imperio romano de occidente y la supervivencia del Imperio romano de oriente, ese que luego los historiadores rebautizarían como Imperio bizantino, crearon una divergencia que perduró durante siglos. Los restos del imperio occidental se fragmentaron en una miríada de principados, todos de origen germánico y, por lo general, míseros y enfrentados, mientras que la parte bizantina mantuvo el esplendor cultural y económico de los últimos siglos del Imperio romano.

En el siglo VI, Occidente ya había quedado perfilado y la suya era la historia de una derrota. Con todo, aquel mundo mediterráneo se mantuvo unido desde el punto de vista religioso hasta la irrupción del islam ya en el siglo VII. El cristianismo estaba plenamente implantado tanto en Oriente como en Occidente. Fue la época de la pentarquía o de los cinco patriarcas, cuatro en Oriente (Constantinopla, Jerusalén, Antioquía y Alejandría) y uno en Occidente (Roma). No había ninguno por encima del otro, todos estaban al mismo nivel, aunque dos de ellos, el de Roma y el de Constantinopla, sentían que su sede se encontraba algo por encima de las demás. El de Roma porque allí había sido martirizado Pedro, el primero de los apóstoles. El de Constantinopla porque se sentaba junto al emperador. Las invasiones árabes del siglo VII agravaron ese conflicto, ya que Alejandría, Antioquía y Jerusalén cayeron bajo control musulmán dejando a sus patriarcas en tierra de infieles. El cristianismo romano y el bizantino fueron distanciándose hasta que se consumó la ruptura a mediados del siglo XI con el conocido como Gran Cisma. Fue algo rápido e indoloro. El 16 de julio del año 1054, León IX excomulgó al patriarca Miguel I Cerulario, que unos días después respondió excomulgando a su homólogo romano.

Para entonces, en lo que había sido el imperio occidental, muchas cosas habían cambiado. Aquellos principados bárbaros de los primeros años dieron paso a reinos más grandes e incluso a una recreación un tanto sui géneris del Imperio romano: el Sacro Imperio Romano Germánico, nacido a mediados del siglo X sobre las ruinas del Imperio carolingio. El cristianismo latino vinculado al papa de Roma se conformó como un elemento unificador, pero desde el punto de vista cultural, no político. Un papa que vivió a caballo entre los siglos VIII y IX, León III concretamente, coronó como emperador a Carlomagno, rey de los francos, el día de Navidad del año 800. La operación atendía a una urgencia del propio León III, que necesitaba un protector, pero dejó sentadas las bases para que en Europa occidental se desarrollase un tipo de cristianismo con unas peculiaridades muy concretas que conocemos como católico.

Durante los siglos siguientes la idea de la Europa latina o católica como una unidad cultural distinta comenzó a tomar forma, lo hizo poco a poco y en ello tuvieron que ver elementos como el uso del mismo alfabeto, la obediencia a Roma o la identificación que muchos monarcas medievales establecieron con los pueblos germánicos que entraron en contacto con el Imperio romano en su última etapa.

UN ALFABETO PARA TODOS

La cuestión del alfabeto es interesante, mucho más de lo que a veces se piensa. Nuestro alfabeto es el alfabeto mundial. No se puede decir que una civilización está en pleno declive cuando en todos los rincones del planeta sus habitantes están obligados a aprender un alfabeto concreto, en este caso el nuestro.

La historia del alfabeto latino es una historia de éxito sin paliativos. No fue el primero en aparecer, tampoco es el más rico ni seguramente sea el mejor, pero es el que se utiliza para todo, en todo momento y en todas partes. Surgió en torno al siglo VII a. C., pero las inscripciones más antiguas conservadas hoy nos parecen irreconocibles. Lo crearon los primeros romanos que adaptaron el alfabeto etrusco que, a su vez, era una adaptación del griego. Los griegos también habían realizado una adaptación previa de la escritura fenicia. En la Antigüedad era común que cada pueblo adaptase el sistema de escritura del vecino para amoldarlo a las particularidades de su lengua.

El alfabeto latino resultó ser definitivo porque, aunque en cada idioma tiene su propia versión, en lo principal es el mismo sistema, por eso podemos leer lenguas tan lejanas de la nuestra como el polaco o el vietnamita, aunque no entendamos una sola palabra, pero sí que nos hacemos una idea de cómo suenan. Sobre el original romano se han añadido algunas letras como la «w», que entró en la Edad Media, y posteriormente aparecieron otras como la «ç», la «ñ» española o la «ß» alemana, más infinidad de diacríticos en las vocales. Todos esos añadidos no impiden que, cuando nos encontramos con una inscripción romana de hace dos milenios podamos leerla de principio a fin, aunque no sepamos nada de latín.

El alfabeto de la Europa occidental no tardó en imponerse al de la Europa oriental, conocido como cirílico. El cirílico es una adaptación que dos misioneros bizantinos, san Cirilo y san Metodio, hicieron del alfabeto griego en el siglo IX para adaptarlo a los sonidos de las lenguas eslavas. Cirilo y Metodio pensaban a la antigua y por eso crearon un nuevo alfabeto. Los misioneros latinos que llevaron el Evangelio a las islas británicas o a Escandinavia no adaptaron nada porque no consideraban que fuese necesario hacerlo. Una de las claves que explican la pervivencia de nuestro alfabeto es que durante siglos el latín se mantuvo como lengua litúrgica y, para los europeos del sur, como lengua propia que se fue desgastando hasta derivar en las actuales lenguas romances. Ese uso religioso, sumado a la rápida adaptación a otras lenguas distintas del latín, le permitió echar raíces en el Occidente cristiano. En Oriente el alfabeto griego fue desplazado por el árabe mientras alumbraba el cirílico, el copto, el armenio y seguramente también el georgiano, aunque esto último es algo que llevan debatiendo los lingüistas desde hace lo menos dos siglos.

Pero el éxito definitivo del alfabeto latino no llegó hasta mucho más tarde. Se debe a la expansión europea que siguió a los primeros viajes oceánicos de los portugueses a principios del siglo XV y también a su prodigiosa adaptabilidad. Al principio desplazó a los alfabetos celtas y germánicos. Luego sirvió a los eslavos occidentales y a los húngaros para poner por escrito sus respectivas lenguas. Más tarde salió del continente acompañando al portugués, al castellano, al inglés, al francés y al holandés. En América se impuso sin problemas, en las actuales Filipinas, Malasia e Indonesia reemplazó al alfabeto árabe y a los alfabetos brahmánicos. En Vietnam, los misioneros portugueses lo adaptaron para su uso con las lenguas locales, lo mismo que hicieron los españoles en Filipinas o los colonizadores neerlandeses de las Indias Orientales. Tras la descolonización ninguno de estos países lo abandonaron porque se había demostrado muy práctico. Por idéntica razón lo adoptaron los turcos en 1928 y, tras el colapso de la Unión Soviética, algunas de sus repúblicas se pasaron al alfabeto latino. Hoy más de 2600 millones de personas, casi el 40 % de la población mundial, tiene el alfabeto latino como el propio. Al 60 % restante no le queda más remedio que aprenderlo. No existe un solo japonés, chino, árabe, indio o ruso con cultura básica que no sepa leer el alfabeto latino. Si ponemos a un occidental ante un letrero en griego o cirílico quizá adivine muy superficialmente lo que pone, si le colocamos delante de un texto escrito en alfabeto árabe o un silabario japonés se dará por vencido en el acto. La complejidad de todos, especialmente de los segundos, le parecerá enorme e inabordable.

Eso explica que en aeropuertos y autopistas de cualquier parte del mundo junto con la leyenda en el alfabeto local casi siempre aparece otra transcrita al alfabeto latino.

Su popularidad no se queda ahí. En el mundo contemporáneo muchas empresas de países en los que el alfabeto latino no es oficial suelen emplearlo en sus logotipos, especialmente si tienen voluntad de expandirse por el mundo. El mayor banco de China se llama ICBC, la mayor empresa tecnológica de Japón se llama Sony y el principal conglomerado industrial de la India se llama Reliance. Salvo contadas excepciones como Coca-Cola, las empresas occidentales no ven necesario incorporar en su logotipo otros alfabetos que no sean el latino, simplemente no hace falta porque en cualquier rincón del mundo cualquiera sabe leer Apple, Disney, Bosch, Santander, Shell, Nestlé, Ikea o Zara.

El primer síntoma del triunfo de Occidente es el empleo masivo de su alfabeto. Nada hace pensar, además, que vaya a cambiar eso en el futuro. El alfabeto latino es toda una metáfora de Occidente. Es simple, adaptable, fácil de aprender, amable con el lector neófito y abre un mundo de conocimiento. A diferencia de lo que sucede con otros sistemas de escritura, el alfabeto latino se basa en un número pequeño de caracteres que representan sonidos individuales. El alfabeto latino básico, el que emplea el inglés, el francés y el italiano, tiene solo 26 letras; el adaptado al castellano se vale de 27 letras; para las lenguas escandinavas, añaden dos caracteres más; el alemán necesita 30, 32 el polaco y 40 el húngaro. El kanji japonés o el hanzi chino están compuestos por miles de símbolos. Para una alfabetización básica en chino moderno es necesario conocer no menos de 3000 caracteres.

La Europa atrasada

Los europeos de hace mil años desconocían el poder del alfabeto que les había dejado Roma, pero no se apartaron de él a pesar de que la Europa occidental de los siglos VIII, IX o X era de los lugares más atrasados del Viejo Mundo. Languidecía frente a los bizantinos, pero también frente a los persas o a las vibrantes civilizaciones de China y del subcontinente indio. El hecho de contar con un alfabeto y una lengua propia que los unía con Roma fue uno de los elementos que sirvieron de argamasa a esos europeos occidentales de la Alta Edad Media. El vínculo que se estableció con el orbe romano era importante en su vertiente cultural, política y espiritual. La primera radicaba en el alfabeto y el habla de muchos de ellos. La segunda, en el hecho de que, en mayor o menor medida, sus gobernantes se sabían herederos de reinos y principados que habían nacido de las cenizas del Imperio romano occidental. La tercera hablaba por la boca del Sumo Pontífice, el único digno de tal nombre en tanto que el patriarca de Constantinopla estaba excomulgado, hablaba griego y su liturgia era tan lejana como incomprensible.

Para el siglo XII el Occidente europeo ya estaba bien delimitado geográfica, cultural y políticamente. Iba desde los reinos de Suecia y Noruega en el norte hasta el reino normando de Sicilia en el sur, y de los reinos cristianos de la península ibérica en el oeste hasta los reinos de Polonia y Hungría en el este. En esos puntos hacía frontera. Por el norte la frontera era con la propia naturaleza. Suecos y noruegos, dos pueblos cristianizados con el cambio de milenio, se expandieron hacia el norte de la península escandinava y por el mar Báltico. En el sur de Italia y en el mar Adriático, Oriente y Occidente se encontraban. Sicilia había permanecido en la órbita de Bizancio durante varios siglos hasta la irrupción de los musulmanes en el siglo IX. Transformaron la isla en un emirato feudatario de los fatimíes hasta que en la segunda mitad del siglo XI fue invadida por los normandos provenientes del norte de Francia, que fueron quienes introdujeron el rito latino en la misa. En el extremo sudoeste de Europa, la península ibérica había sido invadida por los musulmanes a principios del siglo VIII. Ocuparon la práctica totalidad de la península y establecieron un emirato que dos siglos más tarde se transformó en un poderoso e influyente califato con sede en Córdoba. En paralelo, pequeñas comunidades cristianas que se habían resguardado de la invasión en las cordilleras del norte emprendieron el camino hacia el sur en lo que se ha dado en llamar Reconquista. Para el siglo XII esta Reconquista ya estaba muy avanzada, habían surgido cuatro reinos: Portugal, León, Navarra y Aragón. Los tres últimos terminarían unificados como reino de España tiempo después. Es en ese rectángulo de unos 3000 kilómetros de alto por unos 2500 de ancho donde nace durante la Edad Media lo que entendemos por Occidente.

La delimitación geográfica parte, como vemos, de los confines occidentales de la antigua Roma y se alimenta de los añadidos germánicos más los oficios del papado medieval, especialmente a partir de la época carolingia. Las crónicas de los nuevos reinos que fueron surgiendo vinculaban a los emperadores con los monarcas francos y godos, incidiendo en la continuidad entre el emperador y los que decían ser sus descendientes. El ostrogodo Teodorico se hizo enterrar en Rávena en un mausoleo indistinguible del de un emperador romano.

Isidoro de Sevilla, en su *Crónica universal*, escrita en el siglo VII, exalta el reino visigodo de Hispania frente a los bizantinos, pero solo después de enumerar uno a uno a todos los emperadores de Roma como antecedentes necesarios de quienes emanaba la legitimidad. Esta operación de enganche entre el pasado romano y los nuevos reinos godos era relativamente sencilla en el sur porque a unos les siguieron los otros sin solución de continuidad. En las zonas de expansión de ese núcleo original formado por las actuales Italia, Francia España y Portugal, el imperio se retiró dejando el caos a sus espaldas o simplemente nunca llegó, lo que obligó a evangelizar y romanizar desde cero. Eso es lo que sucedió en las islas británicas y en las zonas de Germania y Panonia más allá del limes. Fue precisamente allí, en la Germania ya totalmente cristianizada, donde surge el Sacro Imperio Romano Germánico con la coronación de Otón I en el año 962 por parte de Juan XII. Otón quería emular a Carlomagno, que había muerto un siglo antes, retomando de nuevo el título de emperador de Occidente. El Sacro Imperio Romano —lo de Germánico se añadió mucho tiempo después, hacia finales del siglo XV, cuando el emperador perdió el control efectivo sobre los territorios de Italia— era una entidad política un tanto peculiar que en nada se parecía al Imperio romano original, ni siquiera se acercaba a lo que había sido el imperio tardío. El tiempo nunca pasa en balde y la Europa occidental del cambio de milenio era pobre, atrasada y se encontraba despoblada, pero por el norte llegaba donde no lo había hecho nunca Roma.

Si bien el Sacro Imperio nunca fue un imperio en sentido estricto, el elemento sacro fue de capital importancia. El papado se fortaleció, especialmente tras las reformas que acometió el papa Gregorio VII en el siglo XI. Fue entonces cuando el pontífice romano ganó su independencia no solo del emperador, también de la aristocracia romana que quitaba y ponía papas a su antojo. La llamada *libertas ecclesiae* (la libertad de la Iglesia) confirió a la institución una naturaleza de contrapoder que no ha perdido desde entonces, ni siquiera en los tiempos recientes. El papado impuso un rito, que dio en llamarse romano y que, a grandes rasgos, es el mismo que rige hoy en la Iglesia católica. El papa consiguió imponerse también a los príncipes en la designación de los obispos. Para ello creó una nueva teoría papal que le otorgaba un poder universal sobre los cristianos bajo su tutela espiritual. Eso ocasionó fricciones con el emperador, pero el papa se terminó saliendo con la suya, pasó de ser el vicario del apóstol Pedro a vicario de Cristo en la Tierra.

Esas reformas gregorianas engendraron una geografía cultural común, al menos para la alta cultura. La liturgia se unificó y también lo hicieron las expresiones artísticas. El latín se consolidó como lengua de cultura y hasta el final de la Edad Media casi como única lengua escrita. Los textos sagrados se escribían solo en latín, pero la administración también lo empleaba. Prácticamente todas las crónicas medievales están escritas en latín. La primera historia de Hispania, la *Historia de Rebus Hispaniae*, escrita por el arzobispo de Toledo Rodrigo Jiménez de Rada en el siglo XII, está escrita enteramente en latín como todas las crónicas que se habían escrito en Europa occidental durante cientos de años. Poco después se empezarían a emplear las lenguas vernáculas. La *Estoria de España* compuesta a instancias de Alfonso X está ya en castellano antiguo; lo mismo sucede con las *Grandes Chroniques de France* encargada por Luis IX a finales del siglo XIII. En Inglaterra el latín se mantuvo algo más de tiempo como lengua para la historia porque, tras la invasión normanda, los nuevos monarcas no se entendieron con sus súbditos durante mucho tiempo: unos hablaban inglés antiguo, los otros normando, una lengua romance emparentada con el francés antiguo. El inglés moderno es el resultado de la hibridación de ambos.

Estas crónicas de los siglos XII y XIV permiten atisbar cómo se estaban formando ya unidades políticas de cierto tamaño que podían permitirse grandes cronicones. El hecho es que unos se copiaban a los otros porque compartían el mismo entorno cultural y una cosmovisión parecida. De ello da fe la expansión de ciertos estilos artísticos como el románico o el gótico. Como es natural, nadie se refería a ellos en aquel tiempo con ese nombre, pero las iglesias y catedrales europeas de aquella época son todas muy similares y utilizan idénticas soluciones arquitectónicas.

El fiasco de las cruzadas

La reforma gregoriana coincide en el tiempo con la primera expansión occidental, que, por cierto, constituyó un estrepitoso fracaso. Me refiero a las cruzadas. Hubo varias, un total de nueve entre finales del siglo XI y finales del XIII. La primera se inscribe en ese proceso de reafirmación papal que señalaba más arriba. Urbano II vio la oportunidad de aumentar su prestigio y autoridad. Predicó la cruzada en el concilio de Clermont de 1095 con el objetivo de liberar Jerusalén y los Santos Lugares del control musulmán, y ya de paso echar una mano al emperador bizantino Alejo I en sus guerras contra los turcos selyúcidas. La única que consiguió conquistar Jerusalén fue la primera. La ciudad, más tarde, se perdería a manos de Saladino, un caudillo kurdo que había conquistado antes Egipto y Siria.

En Tierra Santa se conformaron una serie de reinos latinos a imagen y semejanza de los de Europa occidental. El primero de ellos fue el condado de Edesa, fundado por Balduino de Boulogne, le seguirían el principado de Antioquía, el reino de Jerusalén y el condado de Trípoli. Se crearon siguiendo los modelos feudales europeos, pero su población era muy distinta a la de Europa occidental. Estaba formada por una mezcolanza de musulmanes, judíos y cristianos orientales que no terminaron nunca de entender a sus nuevos amos ni por qué habían viajado tan lejos. Eso los obligó a contar con órdenes militares como la de los caballeros templarios o los del Hospital para su defensa. La primera, más conocida como el Temple, desaparecería a manos del rey de Francia en el siglo XIV. La segunda se transformó más tarde en la Orden de los caballeros de Malta cuando el emperador Carlos V les cedió la isla en 1530. La presencia de estos europeos occidentales en Oriente Próximo duró dos siglos casi exactos. En 1291, los últimos cruzados abandonaron la fortaleza de San Juan de Acre poniendo fin a un capítulo de la historia de Europa no precisamente glorioso, pero para entonces la idea de Occidente ya estaba perfectamente asentada. Los occidentales eran ese conjunto de pueblos de obediencia católica y alfabeto latino que se organizaban políticamente en una miríada de principados en el centro y el confín oeste del continente europeo. Esa es la base geográfica de lo que conocemos como Occidente.

La expansión

Pero ese Occidente se hubiese quedado confinado al extremo occidental de Eurasia de no ser por la expansión mundial que siguió a los primeros viajes de los portugueses a principios del siglo XV. La odisea de estos portugueses es digna de ser conocida y ha de entenderse como uno de los momentos estelares de la humanidad. Portugal era un pequeño reino que había terminado su reconquista en 1249 con la toma del Algarve en tiempos de Alfonso III. Tras ello, definió sus fronteras terrestres con la corona de Castilla y se volcó en el Atlántico. La primera de las expediciones ultramarinas la hicieron cerca, al otro lado del estrecho de Gibraltar. En 1415 tomaron la ciudad de Ceuta con intención de proseguir con las conquistas en el Magreb e ir expandiendo la fe cristiana. Pero Portugal era un reino de tamaño modesto y aquella empresa era muy superior a sus posibilidades. Tenían, en cambio, una gran tradición marinera en sus costas. Desde la Antigüedad la costa occidental de la península ibérica había servido como punto de tránsito para el comercio, siempre muy fluido, que había entre la cuenca del Mediterráneo y la Europa septentrional. Grandes puertos como Lisboa, Oporto o Cádiz son de origen prerromano y nacieron para atender ese comercio que unía el norte y el sur del continente. Sobre esa base material y humana se lanzaron al océano.

Contaban con algunos avances náuticos que a lo largo de la Baja Edad Media se difundieron con rapidez por Europa, como la brújula, la ballestilla o las cartas portulanas. En esa época también había mejorado la ingeniería naval. Los portugueses innovaron decisivamente en este ámbito. Crearon un tipo de barco, la carabela, sobre las embarcaciones tradicionales de pesca con las que faenaban en la costa. Las primeras carabelas eran relativamente pequeñas con solo una cubierta, un casco alargado y estrecho y velas latinas de forma triangular. Este tipo de vela les otorgaba gran agilidad y capacidad para navegar con vientos laterales e incluso de bolina, es decir, contra el viento, una importante ventaja sobre las embarcaciones con velas cuadradas. Con el tiempo, las carabelas fueron evolucionando. Se hicieron más grandes y robustas, y en algunos casos se les añadió un castillo a proa y otro a popa. También combinaron velas latinas con velas cuadradas para aprovechar mejor los vientos de popa en travesías oceánicas. Eran unos navíos magníficos, ligeros, muy maniobrables y con un calado bajo que les dejaba acercarse a las costas para explorar la desembocadura de los ríos sin miedo a encallar.

Ese conjunto de herramientas les permitió alejarse del continente y poner rumbo al sur dejándose llevar por los vientos dominantes. Así es como descubrieron Madeira en 1419 y las Azores en 1427, ambos archipiélagos estaban deshabitados y no les supuso gran dificultad colonizarlos. La Corona portuguesa apoyaba esos viajes. El infante Enrique de Avis, hijo del rey Juan I, patrocinaba las expediciones. Reunió en Sagres, una pequeña localidad en el extremo sudoeste de Portugal, a cartógrafos, astrónomos, navegantes, constructores de barcos y otros expertos para desarrollar el conocimiento y las técnicas necesarias para la navegación oceánica. Esta «escuela» de Sagres, concebida con la voluntad de abrir nuevas rutas comerciales, permitió que durante todo el siglo XV los portugueses avanzasen sin descanso por la costa africana: en 1434, Gil Eanes dobló el cabo Bojador frente a las costas del actual Sáhara Occidental; en 1444, Dinis Dias alcanzó las islas de Cabo Verde; en 1471, João de Santarém y Pêro Escobar penetraron con sus carabelas en el golfo de Guinea; en 1483, Diogo Cão llegó al estuario del río Congo, y en 1488, Bartolomeu Dias dobló el cabo de Buena Esperanza en el extremo sur del continente.

En menos de un siglo, estas carabelas tripuladas por un puñado de hombres valientes y muy ambiciosos exploraron la costa occidental de todo un continente. Lo hicieron por interés, claro está. Tan pronto como llegaron al golfo de Guinea establecieron factorías, bases desde las que comerciar con productos de lujo muy rentables como el marfil, el oro y los esclavos. El golfo de Guinea ofrecía condiciones inmejorables para la navegación y el comercio; disponía, además, de puertos naturales que posibilitaban el acceso a los valiosos recursos del interior. Los portugueses establecieron contactos con los reyezuelos locales, como los de Benín y los de Akan, donde podían intercambiar bienes traídos desde Europa que eran muy codiciados por los africanos.

El mundo es un reloj

En la exploración portuguesa está otro de los elementos típicos de la mentalidad occidental, un elemento que sigue entre nosotros y que, por fortuna, se ha contagiado a prácticamente toda la humanidad. Los portugueses no eran muy distintos a los castellanos, los italianos, los ingleses o los alemanes de la época. Eran gentes de una acendrada religiosidad, pero al mismo tiempo habían desarrollado una mentalidad mecanicista del mundo. Es en esta época cuando se produce una pequeña Revolución Industrial en toda Europa occidental. Los europeos demostraron una gran capacidad para adaptar inventos de otros y mejorarlos. La brújula, por ejemplo, había sido inventada por los chinos durante la dinastía Han en torno al siglo II a. C., pero fue en Europa donde se mejoró y se le empezó a dar un uso sistemático en la navegación. La pólvora también fue un invento chino, pero en Oriente la empleaban solo como algo recreativo para construir vistosos castillos de fuegos artificiales. Los europeos, en cambio, fabricaron armas de fuego con ella. El papel es también cosa de los chinos. Llegó a Europa a través de los árabes, entró por al-Ándalus y fueron los italianos los primeros en mejorar e industrializar su producción. Los artesanos italianos adoptaron las técnicas árabes y fueron perfeccionándolas con innovaciones como el uso de mazos hidráulicos para desfibrar los trapos de lino y cáñamo y convertirlos en pulpa, los encolados con gelatina animal o nuevos tamices más finos. Fue en Italia, en la ciudad de Fabriano, donde se inventó la filigrana, es decir, la marca de agua que permitía identificar al productor, fechar documentos y evitar falsificaciones. Fabriano sigue hoy produciendo papeles de calidad exquisita reconocida en todo el mundo.

El papel serviría de base para uno de los inventos que más influencia tendrían en el devenir de nuestra especie: la imprenta. Como en el caso de la pólvora o la brújula, la idea de imprimir con sellos tallados en madera e impregnados con tinta para transferir imágenes o textos ya se les había ocurrido en China mucho tiempo antes, pero fue en el valle del Rin, en la ciudad de Maguncia, donde un orfebre llamado Johannes

Gutenberg creó la imprenta de tipos móviles. Este invento sería revolucionario para difundir ideas a un coste ridículamente bajo.

Hasta hace no tanto tiempo el único modo de contar algo y que ese algo permaneciese era dejarlo por escrito. Tiene algo de milagroso. Cuando abrimos un texto de Cicerón, de Julio César o los mismos Evangelios sus autores están comunicándose con nosotros salvando el tiempo y el espacio. Por eso la letra impresa fue siempre tan valiosa. Los faraones de la dinastía ptolemaica hicieron ímprobos esfuerzos para reunir en Alejandría todo lo que se había escrito. Llegaron a juntar más de medio millón de rollos, pero estaban escritos a mano y, al utilizar el papiro como soporte, había que ir copiándolos de nuevo una y otra vez para que no desapareciesen consumidos por el tiempo. La imprenta permitió que cualquier escrito se copiase indefinidamente a gran velocidad. En muy poco tiempo, Cicerón pudo empezar a hablar a mucha más gente de lo que lo había hecho hasta entonces, y quien dice Cicerón dice Aristóteles, Horacio o Marco Aurelio. Esto dio la posibilidad a los europeos de recibir consejos e indicaciones de sus antepasados, pero también de sus contemporáneos.

Cuando los conquistadores españoles llegaron a América, muchos de ellos estaban alfabetizados, se comunicaban con España por escrito y también lo hacían entre ellos. Eso les dio una ventaja sobre los indígenas americanos que no conocían la escritura y, mucho menos, la imprenta. Cuando un capitán español de la época se embarcaba en una conquista, sabía cómo lo habían hecho otros y, si se encontraban en un apuro, se preguntaban qué hubiese hecho Alejandro Magno en su lugar. Esa ventaja la explotarían al máximo y no tardaron en instalar imprentas en el Nuevo Mundo. La primera imprenta de América se estableció en Ciudad de México en 1539 por iniciativa del primer virrey, Antonio de Mendoza. Años más tarde llegaría la imprenta a Lima y, ya en el siglo XVII, a América del Norte, a la ciudad de Cambridge, en Massachusetts, para dar servicio a la recién fundada Universidad de Harvard.

Repetición y mejora

Tecnologías como las armas de fuego, el papel o la imprenta, fundamentales para entender el mundo moderno, no nacieron en Europa, pero fueron los europeos occidentales quienes las mejoraron, adaptaron y transformaron en inventos universales que hoy integran el armazón del mundo contemporáneo. El reloj sí que fue un invento europeo. Desconocemos quién lo inventó, pero poco después de aparecer a finales del siglo XIII se extendió por toda Europa occidental y siguió mejorándose sin descanso. De los primeros relojes, verdaderos armatostes, tan grandes que solo cabían en el interior de los campanarios, hasta los modernos relojes inteligentes de pulsera, la tecnología de medir el tiempo ha evolucionado mucho, pero el principio que sostiene el invento, saber qué hora es para organizar mejor el día, sigue siendo el mismo. Occidente ha conseguido que sean sus inventos, sus prioridades y su forma de ver el progreso los que se terminen imponiendo. No parece precisamente un fracaso ni un símbolo de decadencia, más bien todo lo contrario.

El hecho es que durante siglos los pueblos no occidentales, algunos muy avanzados como los chinos, los indios o los otomanos, renunciaron de forma voluntaria a adoptar los ingenios que venían de Europa. No lo hacían porque fuesen pobres, que no lo eran en absoluto para los estándares de aquella época, sino porque no consideraban necesario implantar cambio alguno en sociedades que creían perfectamente acabadas.

La historia de la imprenta de tipos móviles es muy ilustrativa al respecto. La llevaron los jesuitas a China en el siglo XVI, pero no pareció interesarles demasiado a pesar de que, en aquel entonces, el imperio de los Ming era el reino más rico del mundo. Los chinos no empezaron a instalar sus propias imprentas hasta finales del siglo XIX. En la India sucedió algo similar. La imprenta llegó de la mano de los misioneros portugueses, pero durante siglos solo ellos y posteriormente otros religiosos europeos hicieron uso de ella para facilitar sus labores pastorales. En el Imperio otomano, que tan cerca quedaba de Europa y tanta relación mercantil tenía con italianos, españoles y franceses, la imprenta tardó casi dos siglos en ser autorizada para imprimir libros no religiosos. La tecnología era bien conocida desde el principio porque los sefardíes españoles la habían llevado consigo tras ser expulsados de Castilla y Aragón por los Reyes Católicos. Aquella primera imprenta otomana, fundada en 1494 en Constantinopla, solo daba servicio a esta pequeña comunidad judía de origen hispano. Hasta mediado el siglo XVIII no se pudieron imprimir libros de geografía, astrología o historia en los dominios del sultán.

Los textos religiosos fueron aún más esquivos. La primera versión impresa del Corán en tipos móviles árabes fue obra de dos impresores venecianos de mediado el siglo XVI. Era un Corán no autorizado que no servía para el culto, ya que los musulmanes de aquel entonces eran reacios a imprimir la revelación divina. Temían los errores ortográficos y no querían dejar sin empleo a los escribas que plasmaban el texto primorosamente con una caligrafía manual muy cuidada. Tras esta primera edición veneciana se imprimiría un siglo más tarde otra edición en Hamburgo mucho más esmerada. Hasta bien entrado el siglo XIX no habría ediciones otomanas o persas del Corán.

La imprenta de Gutenberg no se mantuvo invariable, tan pronto como apareció, las sucesivas generaciones de impresores empezaron a incorporarle mejoras. Durante los siglos XVI y XVII se perfeccionó la fundición de tipos, se mejoró la calidad de la tinta y se introdujeron pequeñas mejoras en la imprenta de madera, como la prensa Blaeu holandesa, que se valía de un contrapeso para facilitar el movimiento del plato. A finales del siglo XVIII y principios del XIX la imprenta se industrializó, de la madera se pasó al hierro fundido, lo que permitió imprimir muchas más páginas al día. En 1814 se incorporó el vapor, que dio vida a la prensa de cilindro. Esto permitió, por ejemplo, que el *Times* de Londres pudiese imprimir más de mil páginas por hora, algo que expandió como nunca antes la difusión de la prensa diaria. A mediados de ese siglo aparecería la rotativa, luego la linotipia, la impresión *offset* y la fotocomposición. Todos esos avances vinieron de la mano de un tipo de mentalidad muy concreta y, en origen, típicamente occidental: la de innovar continuamente e ir optimizando poco a poco lo ya inventado para abaratar el producto y mejorar su fiabilidad.

Esa mentalidad es muy visible en expresiones artísticas como la pintura, la escultura, la arquitectura o la música. Los historiadores del arte tuvieron que recurrir a los estilos para describir las obras del pasado, porque observaron que cambiaban mucho en función de la época. No existe nada parecido al arte occidental, tampoco al arte español, italiano o francés. En todo caso, existen estilos artísticos occidentales que, por lo demás, son los que se han contagiado de forma masiva al resto del mundo. La idea misma de que existan en Europa artes nacionales es ya de por sí aberrante. Los movimientos nacionalistas de los siglos XIX y XX lo intentaron recreando estilos arquitectónicos pasados por la academia. En Francia o Alemania se escogieron ciertas variedades de gótico, en Italia se decantaron por el arte del *cinquecento*, en España por el mudéjar, en Portugal por el estilo manuelino, en Inglaterra por el Tudor, pero siempre con un neo delante. No dejan de ser, sin embargo, vulgares imitaciones academicistas que tuvieron su momento y luego se abandonaron por puro aburrimiento.

Los diferentes estilos artísticos fueron todos paneuropeos y no se concibieron como estilos cerrados en momento alguno. Iban cambiando las modas, se encontraban nuevas soluciones, nuevos materiales o nuevos procedimientos. Los artistas buscaban a menudo originalidad, pero en todos los casos siempre mandaba el mercado, es decir, quien solicitaba la obra artística en cuestión. Eso vendría a indicar que el deseo de mejora y adaptación provenía de abajo. En el caso de la arquitectura, en Occidente se construyeron de forma incesante catedrales durante siglos. Allá donde había dinero suficiente, tiraban la anterior y levantaban una nueva con otro estilo más acorde con el momento, otras veces incorporaban elementos nuevos en las fachadas, las capillas, el coro, el presbiterio o el claustro. Por eso las catedrales europeas suelen ser edificios tan complejos, recargados y, a la vez, tan fascinantes para los arquitectos y los historiadores. No es que se tardase mucho tiempo en construirlas, es que nunca se terminaban del todo porque cualquier elemento estaba sujeto a cambios y actualizaciones. La catedral más importante de España, la de Santiago de Compostela, nació como una pequeña iglesia en el siglo IX, sobre ella se construyó otra y, en el siglo XI, cuando el camino de Santiago ya estaba en marcha, se empezó a levantar un templo mucho mayor, que en líneas generales es el actual, aunque sin las numerosas modificaciones que se le fueron haciendo después. La más famosa y visible de todas es la fachada principal construida en el siglo XVIII, en el extremo opuesto se encuentra la Puerta Santa del siglo XVII, el claustro es del siglo XVI y, en el interior, cada capilla es un mundo artístico diferente. Allá donde miremos nos encontramos con una historia muy parecida, porque ninguna catedral europea está nunca del todo terminada.

Con la música, la espita de la innovación la abrió un benedictino italiano llamado Guido d'Arezzo en el siglo XI. Introdujo un sistema de cuatro líneas horizontales para representar alturas específicas. Ese tetragrama, antecesor del pentagrama posterior, permitía una notación mucho más precisa de los neumas que los monjes empleaban para el canto gregoriano y que indicaban la dirección general de la melodía. D'Arezzo estandarizó la escritura musical y eso abrió la puerta a la notación rítmica para la polifonía, el pentagrama de cinco líneas y la explosión musical del barroco que trajo un sinnúmero de instrumentos y a esos genios inmortales de la música como Johann Sebastian Bach, Georg Friedrich Händel, Wolfgang Amadeus Mozart o Ludwig van Beethoven que los melómanos adoran. El piano, el instrumento musical más famoso y seguramente el más versátil del mundo, es un buen ejemplo. Antes de que el piano tomara forma existieron varios instrumentos que sentaron las bases para su diseño y mecánica. El *hydraulis*, un antiguo órgano de tubos griego del siglo III a. C., y el monocordio, que se utilizaba para el estudio de los intervalos musicales, sirvieron para aportar las primeras ideas para un sistema de teclado. Más tarde, la cítara y el salterio —un instrumento de cuerdas pulsadas con forma trapezoidal— contribuyeron al diseño de los primeros instrumentos de cuerda con teclado. Ya en el siglo XIV apareció el clavicordio, que permitía al músico influir en la intensidad del sonido mediante la presión de la tecla gracias a pequeños martillos llamados tangentes. Su heredero, el clavecín, muy popular en los siglos XVII y XVIII, producía el sonido al puntear las cuerdas con plectros. Su sonoridad es brillante y rica, pero carece de la capacidad de variar la dinámica del sonido. Esa limitación la resolvió Bartolomeo Cristofori, un fabricante de clavecines de Padua que en 1709 creó un mecanismo revolucionario: unos martillos que golpeaban las cuerdas y luego retrocedían rápidamente, permitiendo que las cuerdas vibraran libremente y, más importante aún, que variase la intensidad del sonido según la fuerza con la que se pulsara la tecla. Cristofori bautizó su invención como *gravicembalo col piano e forte* (clavecín con suave y fuerte), que con el tiempo se acortaría a pianoforte y, finalmente, a piano. Este primer piano no se quedó como estaba. Desde entonces no ha parado de evolucionar. La Revolución Industrial proporcionó avances tecnológicos que permitieron mejoras importantes, como el marco de hierro fundido, que soportaba mejor la tensión de las cuerdas, y el mecanismo de doble escape, que facilitó la repetición rápida de notas. En el siglo XX aparecieron los pianos eléctricos y luego los digitales. Si Cristofori volviese a la vida no terminaría de reconocer su propio instrumento. Entre aquellos cantos gregorianos que conoció d'Arezzo a las óperas de Giuseppe Verdi pasaron unos ocho siglos y la evolución no se detuvo, siempre con la idea de mejorar de forma incremental lo anterior.

Frente a ese dinamismo occidental, en la vecina Bizancio se mantuvieron siempre formas artísticas mucho más rígidas. La rica diversidad de la tradición musical del catolicismo y el protestantismo contrasta con la música de la Iglesia ortodoxa, que se ha mantenido anclada durante siglos en las normas del canto bizantino. Siempre rechazaron los instrumentos, priorizaron la monodia y eludieron deliberadamente cualquier novedad. Pero el ejemplo más ilustrativo es el de los célebres iconos omnipresentes en el cristianismo oriental. La creación de iconos estaba regida por cánones y prototipos establecidos a lo largo de los siglos. Los iconógrafos, es decir, los pintores de iconos, buscaban replicar fielmente los modelos existentes, ya que eran los únicos teológica y espiritualmente válidos. No buscaban la originalidad artística ni introducir cambios. La continuidad y la fidelidad a lo que se había hecho siempre eran primordiales. Esa es la razón por la que los historiadores del arte suelen decir que los griegos y otros europeos orientales se perdieron el Renacimiento y el Barroco. No es que se lo perdieran, es que aquellas innovaciones latinas les parecían un sacrilegio.

Sus sucesores otomanos mantuvieron ese apego a la tradición. En el Imperio otomano, como antes en el bizantino, no estaba bien visto imprimir libros, pero tampoco innovar. Los otomanos empezaron construyendo como los selyúcidas hasta que se encontraron con Santa Sofía de Constantinopla, modelo que emplearon de inspiración durante siglos hasta que en el XVIII empezaron a incorporar elementos occidentales para los edificios monumentales. El último de los grandes palacios otomanos, el de Dolmabahçe, es un pastiche de diferentes estilos occidentales como el barroco, el rococó o el neoclásico. Fue en esa época cuando el otrora poderoso Imperio otomano tomó conciencia de su acusada decadencia y empezó a imitar a Occidente.

La cultura importa

El declive otomano o el de la China de la dinastía Qing fue político, pero sobre todo cultural. Uno fue la consecuencia del otro. La cultura es el sistema operativo que gobierna nuestro cerebro; a escala colectiva, eso tiene consecuencias dramáticas. Todos los seres humanos somos iguales y en todas partes la distribución de listos y necios es la misma. Si a un hipotético hermano gemelo de Albert Einstein se lo hubieran llevado al nacer a una aldea de la Siria otomana, seguramente no habría inventado nada. Su hermano en el Occidente de principios del siglo XX revolucionó la física. Podríamos pensar que es un ejemplo extremo y hasta injusto, ya que el salto de renta entre la Europa occidental de 1910 y la Siria de los últimos años del Imperio otomano es muy grande. Siria, que había sido una de las provincias más ricas del Imperio romano y que durante la Edad Media brilló con luz propia en prácticamente todo, al despuntar el siglo XX era un lugar especialmente atrasado.

Utilicemos otro ejemplo para entenderlo mejor. Un hermano gemelo de Vasco da Gama o Cristóbal Colón en la China de los Ming seguramente habría tenido un nivel de vida muy alto, mucho más que el que había entonces en Portugal o en Castilla, pero no podría haber navegado más allá de las costas de China. La civilización china estaba en el siglo XV sensiblemente más avanzada que la occidental, pero los gobernantes chinos decidieron cerrarse sobre sí mismos en la creencia de que más allá del «Imperio del Medio» (así es como se referían a China) no había nada digno de ser conocido. Unas décadas antes de que Colón llegase a América y da Gama a la India, los chinos enviaron una serie de expediciones comerciales al océano Índico. Algo realmente notable, a instancias del emperador Yongle, el almirante Zheng He llegó a disponer para él solo de una flota de unos 200 barcos tripulada por casi 30 000 hombres. Zheng He hizo siete viajes en los que recorrió el sudeste asiático, la India, la península arábiga y el África oriental. Pero al término del séptimo el emperador Hongxi ordenó que las expediciones ultramarinas se detuviesen para siempre. No le veía sentido a seguir navegando y comerciando con otras partes del mundo porque, a su juicio, China estaba en el centro, era superior en todos los ámbitos y no necesitaba nada de nadie.

Esa idea se mantuvo vigente durante siglos. Occidente, por su parte, siguió su camino de descubrimiento, innovación y expansión. Tuvo también la inmensa fortuna de estar dividida políticamente, algo que generó infinidad de conflictos, pero también una sana competencia entre los diferentes monarcas. A los chinos la unidad política les supuso un coste. Cuando, después de dos siglos de avances en todos los campos, despegó la Revolución Industrial en Gran Bretaña, China permanecía esencialmente aislada. En todo ese tiempo se habían mantenido dentro del sistema mundial de comercio, pero de forma un tanto marginal. Sus contactos con el exterior se limitaban a lo poco que quedaba de la Ruta de la Seda y a los negocios que hacían con los portugueses de Macao y los españoles de Filipinas. La élite gobernante manchú y los eruditos confucianos se oponían firmemente a las reformas, ya que eso implicaba seguir modelos occidentales. Temían que la adopción de tecnología, sistemas políticos y valores extranjeros erosionase la cultura tradicional china, el sistema de valores confuciano y sus propios privilegios. Los británicos, fortalecidos por la industria y dueños de una respetable armada, cayeron sobre China a mediados del siglo XIX obligándolos a firmar una serie de degradantes tratados, tanto que en la historiografía china se los conoce como «tratados desiguales».

¿Cómo pudo un país de unos doce millones de kilómetros cuadrados cuajado de tierra fértil y habitado por unos 500 millones de personas humillarse ante una isla minúscula, fría y lluviosa con poco más de veinte millones de habitantes? La razón estriba en la cultura y no en ninguna otra cosa. La cultura británica, heredera directa de ese acumulado histórico que partía de la antigua Roma, era vibrante, premiaba la innovación, la asunción de riesgos, la mentalidad científica y la ética del trabajo que se transformaba en inversión productiva.

El caso de China y el Reino Unido es quizá el que mejor ejemplifica eso que Niall Ferguson bautizó como las *killer apps* o aplicaciones decisivas de la civilización occidental. Pero no es el único. Un número muy pequeño de españoles del siglo XVI consiguieron hacerse con buena parte de América valiéndose de los avances en la navegación, la imprenta, la superioridad armamentística y la competencia que había entre sus capitanes, hombres muy decididos y ambiciosos que anhelaban la gloria y la riqueza al coste que fuese. Es cierto que la microbiología les echó una mano. Los pueblos americanos no conocían ciertas enfermedades como la viruela, la gripe o el sarampión. Cuando los españoles llegaron, esparcieron de forma inconsciente todas estas enfermedades contagiosas que ellos habían superado en la infancia, pero que para las gentes del Nuevo Mundo fueron fatales. Pero aun sin esa ventaja biológica, los conquistadores se habrían salido con la suya, aunque seguramente les hubiese costado algo más de tiempo.

China o América quedaban realmente lejos de Europa. Con la primera hubo contacto desde la Antigüedad, pero siempre a través de intermediarios. La segunda era desconocida para el resto de la humanidad hasta que Colón puso el pie en las Bahamas. A partir de ese momento, América se rehizo a imagen y semejanza de Europa occidental. Exceptuando las lenguas indígenas que quedan, todas con un pequeño número de hablantes, casi todos los americanos hablan, por este orden, español, inglés, portugués y francés. La religión predominante es el cristianismo latino en sus dos variedades, católica y protestante, y sus sistemas políticos están todos inspirados en la filosofía política europea de los siglos XVIII y XIX. América fue el primer triunfo de Occidente, su primera gran expansión. En ciertas partes del continente, como los extremos sur y norte, esta expansión fue genética. Estados Unidos, Canadá, Argentina y Uruguay están habitados mayoritariamente por descendientes de europeos que cruzaron el Atlántico buscando una vida mejor. Ese calco se realizó también en las antípodas, Australia y Nueva Zelanda, adonde llegaron colonos británicos en el siglo XIX y prosperaron en unas tierras que habían quedado aisladas del resto de la humanidad mucho tiempo antes.

La influencia sobre China fue más tardía y a la fuerza. Los tratados desiguales terminaron por desintegrar a la dinastía Qing, que perdió el trono en la revolución Xinhai de 1911. Proclamaron una república que aún sigue existiendo en la isla de Taiwán y emprendieron un arduo y prolongado proceso de modernización o, lo que es lo mismo, de occidentalización. En los dos últimos siglos de historia, modernidad ha sido y sigue siendo sinónimo de Occidente. En este tiempo, Occidente dejó de ser un lugar y pasó a convertirse en un concepto universal, válido para cualquier ser humano y adaptable a cualquier sociedad.

En el Imperio otomano, que está mucho más cerca de Europa occidental, sucedió algo muy similar. Los otomanos de finales del siglo XV ya no es que estuviesen a la par de Occidente en términos políticos, económicos y culturales, es que, como herederos de Bizancio, controlaban el comercio con Oriente que era, con gran diferencia, el más provechoso de todos. Un siglo más tarde, los sultanes expandían sus dominios sin freno por el sudeste de Europa y su poderío en el Mediterráneo oriental era indiscutible. El ejército otomano asedió Viena en dos ocasiones. La primera ordenada por Solimán el Magnífico en 1529 tras la victoria en la batalla de Mohács, en la que murió el rey Luis II de Hungría. Levantaron el sitio en cuanto se presentó el invierno austriaco con toda su crudeza.

Siglo y medio después, tan tarde como en 1683, Mehmed IV volvió a asediar la ciudad y la hubiese tomado de no ser porque el rey de Polonia, Juan III Sobieski, acudió en auxilio de los vieneses.

Todavía en el siglo XVIII el otomano era un imperio política y militarmente poderoso, incluso llegó a ponerse de moda todo lo relacionado con Turquía en las cortes reales de París, Londres, Viena, Madrid y Lisboa. Las élites occidentales estaban fascinadas por la cultura, ciertamente idealizada, del Imperio otomano. En las colecciones palaciegas proliferaban los cuadros que representaban escenas exóticas y provocativas de la vida otomana como harenes, baños turcos, mercados, sultanes, embajadores y un largo etcétera. Se pusieron de moda los turbantes, los caftanes, los chalecos y los pantalones bombachos como disfraz para bailes de máscaras y fiestas. También influyó en la ropa de andar por casa; los aristócratas encargaban lujosas batas de seda estampadas con motivos otomanos y algunos se hacían retratar posando con atuendos turcos.

La música no fue ajena a esta moda que los franceses dieron en llamar *turquerie*. Una de las óperas más famosas de Mozart, *El rapto en el serrallo*, estrenada en Viena en 1782 por encargo del emperador José II, está ambientada en el harén de un pachá. *El rapto en el serrallo*, una obra musicalmente exquisita, como todo lo de Mozart, es también una magnífica metáfora de cómo esa Europa emergente de finales del siglo XVIII contemplaba al mundo otomano. El libreto está escrito en alemán, pero el héroe es español, Belmonte, un noble cuya amada, de nombre Konstanze y origen austriaco, ha sido raptada por piratas berberiscos y luego vendida junto a su sirvienta, la inglesa Blonde, al pachá Selim, propietario de un lujoso palacio en la costa turca. Belmonte se presenta ante Selim como un prestigioso arquitecto español para ganarse su confianza. Planea entonces liberar a Konstanze y a Blonde al abrigo de la noche junto a su criado Pedrillo, pero los sorprende Osmin, el encargado de vigilar el harén. Belmonte revela entonces a Selim su verdadera identidad y le confiesa que, amén de prometido de Konstanze, es hijo de un general español que había luchado contra él en el pasado. El pachá, enamorado de Konstanze, pero interpelado por la valentía del español, se muestra clemente y decide liberarlos.

Se trata de un *singspiel*, un tipo de ópera popular que combinaba partes cantadas con diálogos puramente teatrales. Los *singspiel* buscaban entretener, en este caso aportando un toque de exotismo, con historias tomadas de la realidad y un final feliz para que el público saliese contento del teatro. Los otomanos se veían aún como un rival respetable, pero en esencia decadente en tanto que, aparte de secuestrar mujeres, contrataban arquitectos occidentales. Poco antes de que se estrenase esta ópera se había terminado en Constantinopla la mezquita de Nuruosmaniye, la primera del conocido como barroco otomano. En el siglo XIX el imperio se llenó de arquitectos occidentales que trabajaban para la administración imperial.

Para entonces, el Imperio otomano ya estaba importando conocimiento de Occidente, cosa que no dejaría de hacer hasta su desaparición. De lo que se demostraron incapaces fue de desarrollar conocimientos técnicos propios. Los ferrocarriles otomanos fueron diseñados y construidos por alemanes y británicos, la red telegráfica por alemanes y franceses. A principios del siglo XX, cuando ya había triunfado el movimiento de los Jóvenes Turcos, el nuevo Gobierno encargó dos acorazados a astilleros británicos que se llamarían Reşadiye y Sultán Osmán. Nunca llegaron a entregarse porque, cuando ya estaban terminados, estalló la Primera Guerra Mundial y la Royal Navy los confiscó. Este fue uno de los motivos por los que el Imperio otomano se alió con Alemania y Austria-Hungría, una pésima decisión que les terminaría saliendo muy cara. Esa guerra marcaría el fin de un imperio que tenía una extensión de millón y medio de kilómetros cuadrados y casi veinte millones de habitantes, pero carecía de la capacidad para construir un acorazado. En 1911, año en el que el Gobierno otomano encargó el Reşadiye, el Reino Unido, Francia, Alemania, Austria-Hungría, Italia y España disponían de la tecnología y los conocimientos para construir acorazados en astilleros propios.

Cuando el Imperio otomano quiso darse cuenta del atraso que acumulaban se encontraron con que todo había terminado. Sobrevinieron entonces años muy duros de reconstrucción y, sobre todo, de reinvención. Las reformas que llevó a cabo Mustafá Kemal Atatürk a partir de 1923 iban encaminadas a occidentalizar Turquía, concebida ya como un Estado nación a imagen de los europeos. Atatürk, que estaba convencido de que la occidentalización/modernización podía hacerse por decreto y desde arriba, quiso hacer en apenas quince años lo que a Europa occidental le había llevado siglos. Impuso el sistema métrico, abolió los tribunales religiosos y las madrasas, otorgó derechos políticos a las mujeres, reemplazó el alfabeto árabe por el latino y adoptó el calendario gregoriano en sustitución de los calendarios islámico —que se empleaba para asuntos religiosos— y rumí —una variante del calendario juliano adaptada al año islámico, usado para fines administrativos y civiles—.

El calendario gregoriano es una de las muestras más evidentes del triunfo de Occidente. Para prácticamente cualquiera sobre este planeta la fecha de hoy, la de su nacimiento, la del día de su boda, la de la próxima final de la copa del mundo de fútbol se expresan en un calendario concebido en Occidente. La base del calendario que hoy todos utilizamos es el denominado calendario juliano, instaurado por Julio César en el año 45 a. C. En aquel entonces el año civil y el solar estaban muy desfasados, así que César consultó con un reputado astrónomo, Sosígenes de Alejandría, para elaborar un novedoso calendario que alinease de nuevo los meses con su correspondiente estación del año. Estableció un año de 365 días y la regla aparentemente simple de añadir un día extra cada cuatro años, el llamado año bisiesto, ya que se añadía antes del 1 de marzo, *bis sextus dies ante calendas martii*, es decir, el sexto día repetido antes de las calendas de marzo. Esto resultaba en un año medio de 365,25 días.

Pero la Tierra tenía otros planes. El año real, el tiempo exacto que tarda el planeta en orbitar el sol de equinoccio a equinoccio, es ligeramente más corto: unos 365,2422 días. Esta diferencia, de apenas once minutos y catorce segundos anuales, puede parecer insignificante, pero con el correr de los siglos se convirtió en una bola de tiempo. En el siglo XVI, el calendario juliano se había desacoplado aproximadamente diez días respecto a las estaciones reales. El equinoccio de primavera, de vital importancia para los cálculos religiosos, ya no caía en torno al 21 de marzo, sino alrededor del 11. La fecha de la Pascua, la festividad central del cristianismo, se determinaba según reglas establecidas en el concilio de Nicea del año 325, que establecían que sería en la primera luna llena tras el equinoccio de primavera. Con un equinoccio «errante» en el calendario, calcular una fecha de Pascua coherente y astronómicamente correcta se había vuelto un quebradero de cabeza teológico y litúrgico.

El papa Gregorio XIII, consciente del problema, reunió en 1578 a una comisión de expertos, y solicitó un informe que la Universidad de Salamanca había elaborado años antes. Los eruditos salmantinos proponían un procedimiento matemático para conciliar los ritmos del sol y la luna. Eso sincronizaría mejor las fechas astronómicas con las celebraciones religiosas, especialmente la Pascua. Felipe II se involucró personalmente y solicitó a los académicos de Salamanca que rehiciesen el informe y lo remitiesen a Roma con prontitud. La comisión, liderada por el matemático alemán Christophorus Clavius y el español Pedro Chacón, estudió el informe y concluyó que, para realinearse con el sol, había que borrar de un plumazo diez días del calendario. Hecho eso tendrían que recalcular la fórmula de los bisiestos para evitar nuevas correcciones en el futuro. Seguirían siendo bisiestos los años divisibles por 4, pero con una excepción: los años seculares (los terminados en 00) solo serían bisiestos si también eran divisibles por 400. Así, 1700, 1800 y 1900, que habrían sido bisiestos en el sistema juliano, no lo fueron en el gregoriano. El año 2000, sin embargo, al ser divisible por 400, sí mantuvo su día extra. Esta ingeniosa regla ajustó la duración media del año a 365,2425 días, muy cerca del año real.

El nuevo calendario entró en vigor en 1582, año en el que los días comprendidos entre el 4 y el 15 de octubre desaparecieron.

Los primeros en adoptar el calendario fueron los principados católicos, con el tiempo irían adoptándolo todos los demás. El cálculo tan bien ajustado y la conveniencia práctica del calendario gregoriano hicieron el resto. Hoy es el calendario estándar para todo el mundo. Cualquiera en cualquier punto del globo está en el mismo día y se vale de años de doce meses, semanas de siete días y días de 24 horas. Los chinos celebran su fiesta nacional el primero de octubre, día en el que Mao Zedong proclamó la República Popular China. El día nacional de la India es el 15 de agosto en conmemoración de la independencia del Imperio británico. Los iraníes, cuyo Gobierno reniega de Occidente de forma especialmente contumaz, conmemoran la revolución islámica de 1979 todos los 11 de febrero. El día de Rusia es el 12 de junio. Junio en ruso se dice июнь (iyún), un término que proviene directamente del latín. No es extraño, en la mayor parte de lenguas del mundo los meses se han tomado de los originales en latín. En hindi, tagalo, indonesio o bengalí son simples adaptaciones a la fonética local; en China y Vietnam los doce meses se denominan con su número, pero son los mismos doce meses con sus correspondientes días.

El triunfo de Occidente

El mundo, en suma, mide el tiempo sobre un modelo occidental, también los autoproclamados enemigos de Occidente como el Irán de los ayatolás, la China popular o la Rusia de nuestros días. Si quieren reunirse tendrán que fijar un día en un calendario creado por los antiguos romanos, reelaborado por un papa renacentista con los cálculos de unos matemáticos españoles y alemanes. Cuando se encuentren se saludarán con un apretón de manos, un gesto que se popularizó en Europa en el siglo XVIII para evitar las reverencias, e irán vestidos al uso europeo de los negocios, es decir, de traje y corbata, dos atuendos formales típicamente occidentales. La corbata empezó a colgarse del cuello de los caballeros en la Francia del siglo XIX y el traje actual es la evolución del traje de salón o *lounge suit* que apareció en el Reino Unido en esa misma época. Las normas básicas de etiqueta en todo el mundo son también de origen occidental. Siempre hay que saludar, mantener el contacto visual, estrechar la mano, respetar el espacio personal de los demás y cuidar la puntualidad.

Y si el modo de vestir es occidental, también lo es la forma de organizarse políticamente. En el mundo hay 193 Estados soberanos, los 193 forman parte de Naciones Unidas y se reconocen mutuamente. No todos esos Estados son occidentales, de hecho, Occidente está en clara minoría demográfica con respecto a gigantes como China o la India. Si nos decantamos por la versión más amplia de Occidente, es decir, la de todos aquellos países que tienen una cultura heredera directa de la Europa occidental —lo que nos obligaría a incluir a todo el continente americano, Australia y Nueva Zelanda—, el número de habitantes equivaldría más o menos a los que tiene la India. Pero, aunque la mayor parte de Estados que se reúnen en Naciones Unidas no se reconocen como occidentales, se han tenido que organizar al modo occidental, empezando por el hecho mismo de conformarse como Estados nación.

El Estado nación es una creación política genuinamente occidental que aparece a finales del siglo XVIII con la Revolución francesa y que hoy da forma al mundo. Todos los seres humanos sobre la faz de la Tierra tienen una nacionalidad, un pasaporte, una bandera y un himno nacional que tuvieron que aprender de niños —con contadas excepciones, como España, Bosnia o Kosovo, cuyo himno carece de letra— y que a muchos les emociona cantar. La consecuencia más directa de esa organización en Estados nación es el nacionalismo, otro invento occidental que los no occidentales consumen con avidez desde hace un siglo. Dentro de esos Estados nación, sin importar que sean dictaduras o democracias, monarquías o repúblicas, hay asambleas legislativas, un poder judicial y un presidente o monarca. Eso de separar los poderes del Estado en tres poderes es también una creación occidental, francesa, para más señas. Las cámaras legislativas aparecieron en la Grecia clásica. En Roma el Senado y los *comitia* tenían funciones legislativas. Ya en la Edad Media la idea se refinó. La primera asamblea en la que se incluyó al pueblo llano fue la del reino de León en el año 1088, luego vinieron otras y en algunos lugares como Gran Bretaña el parlamentarismo echó raíces muy vigorosas.

Ese parlamentarismo medieval europeo pasado por la Revolución francesa dio origen a las actuales asambleas legislativas de todos los países del mundo. Entre ellos hay que incluir a las autocracias más despiadadas como la de Corea del Norte donde, a pesar de que todo el poder recae en una sola persona y su círculo cercano, existe un parlamento, la Asamblea Suprema del Pueblo, cuyo cometido único es jalear al líder y aprobar todas las leyes que le envía. Kim Jong-un podría prescindir de ella, a fin de cuentas, no deja de ser un parlamento títere, pero tanto él como el Partido de los Trabajadores de Corea consideran que es necesario que exista para guardar las formas y mostrar ante el mundo que su régimen es legítimo y representa la voluntad de los norcoreanos. Lo mismo sucede con la Cuba castrista y su Asamblea Nacional del Poder Popular, y sucedió con la URSS y su Sóviet Supremo, la Alemania nazi y su Reichstag o la España de Franco y sus Cortes Españolas, órganos meramente decorativos, pero que esas dictaduras consideraban necesarios para mostrar cierto grado de normalidad política. Incluso monarquías absolutas como la de Arabia Saudita, Baréin o Catar, en las que el rey posee todos los poderes, cuentan con una cámara legislativa, el consejo de la Shura, que se reúne en hemiciclos no muy distintos a los parlamentos occidentales.

El parlamentarismo al estilo occidental se ha extendido por todo el mundo porque, aunque muchos no se queden con el espíritu, al menos se quedan con la letra. Hoy sería inaceptable para ellos organizarse políticamente como sus antepasados, así que lo hacen como los nuestros, aunque muchos de ellos se conformen con aparentar que su clase dirigente está subordinada a las costumbres y deseos de la población. Sus Gobiernos se estructuran mediante ministerios, secretarías de Estado y departamentos, tienen un cuerpo diplomático con embajadas estables y un ejército dispuesto al modo occidental con las tres armas de rigor, la misma cadena de mando y escalafón militar. En todos los ejércitos del mundo hay generales, coroneles, capitanes y tenientes.

Pero si hay algo que mueve el mundo, eso es el comercio. Nunca antes en toda la historia de la humanidad se había comerciado tanto. Eso nos ha hecho no sé si más felices, pero sí mucho más ricos. Nuestros hogares están llenos de objetos que en otra época eran considerados lujos asiáticos, y digo bien lo de asiáticos porque la porcelana, la seda o la pimienta provenían de Asia. El comercio no se inventó, eso es algo que ha existido siempre, desde la Edad de Piedra. Los seres humanos, sociales por naturaleza, tenemos una innata propensión por el comercio. Siempre hay algo que nos sobra y algo que necesitamos. Esa es la raíz del comercio. Lo que sí se inventó en Occidente es el comercio tal y como lo entendemos en nuestros días. Sin una serie de avances que se produjeron en Occidente entre los siglos XIV y XVIII nuestro mundo sería muy distinto y necesariamente peor. En Occidente, entre Italia y los Países Bajos para ser más exactos, se inventó la contabilidad por partida doble, las sociedades por acciones, las letras de cambio, los seguros, la banca, las ferias comerciales, los títulos de deuda y la Bolsa de valores.

Hoy hay Bolsas por todo el mundo. La mayor y más capitalizada es la de Nueva York, pero no muy lejos le andan la Bolsa de Tokio, la de Shanghái o el National Stock Exchange de la India, cuya sede se encuentra en Bombay. Todos estos mercados de valores funcionan con unos mismos principios que nacieron en la Europa de los siglos XVII y XVIII. La primera Bolsa nació en Ámsterdam a principios del siglo XVII. Sabemos bien cómo funcionaba gracias a Joseph de la Vega, un judío de origen español que se dedicaba al comercio de diamantes y que, como afición, cultivaba la filosofía moral. En 1688 dio a la imprenta un libro, escrito enteramente en español, titulado *Confusión de confusiones* que explicaba el funcionamiento interno de la Bolsa de valores de la ciudad. De la Vega describía un mercado ya de una complejidad notable y ofrecía consejos a futuros inversores, la mayor parte de los cuales no han perdido actualidad.

Los amsterdameses no fueron, de cualquier modo, los primeros en intercambiar valores, pero sí los que lo hicieron a gran escala creando una institución al efecto. Antes de que apareciese la Bolsa de Ámsterdam, en las repúblicas mercantiles italianas como Venecia o Génova ya se negociaba con préstamos y títulos de deuda. El término *Bolsa* es de origen flamenco, se lo debemos a unos comerciantes de Brujas apellidados Van de Beurse en cuya casa se reunían cambistas y mercaderes de media Europa para hacer sus transacciones. Ese apellido daría lugar a lo que conocemos como Bolsa (español y portugués), *Bourse* (francés), *Börse* (alemán), *Borsa* (italiano y turco), *Beurs* (neerlandés), *Börsen* (sueco), *Birzha* (ruso) y *Burs* (persa). En inglés crearon un nuevo término, el de *Stock Exchange* (intercambio de acciones), que hizo fortuna en otras partes del mundo como China, la India o el mundo árabe, donde las Bolsas se llaman así en sus respectivas lenguas. Todas las Bolsas del mundo, desde la de Hong Kong a la de Johannesburgo pasando por la de Fráncfort, la de Buenos Aires o la de Sídney, funcionan de un modo muy similar y sirven para lo mismo: captar capital para las empresas y movilizar ahorro para la inversión productiva. Con ese capital las empresas pueden crear desde cero productos y servicios que no existen o mejorar los ya existentes, es decir, lo mismo que las gentes del Occidente europeo comenzaron a hacer en torno al siglo XII o XIII. Esa idea es la que se ha extendido y en todos los rincones de la Tierra los seres humanos la han acogido con entusiasmo.

Quizá las complicaciones del mundo financiero, todas de origen occidental, sean más difíciles de entender. Traigámonos el triunfo de Occidente a lo que usted tiene entre las manos. No hace falta que le recuerde que este libro está impreso en lengua española. Si se lo entregamos a un chino, a un indio o a un tailandés, casi ninguno lo entenderá, pero podrían leer el título con una pronunciación aproximativa porque el alfabeto que empleo lo conocen a la perfección. El libro en sí no les extrañaría nada; el formato les resultará muy familiar, cientos como este habrán pasado por sus manos. Este libro, como prácticamente todos los que se publican en cualquier lugar del mundo, tiene forma de códice, es decir, con páginas encuadernadas por un lado y protegidas por dos cubiertas. Así es como se publican todos los libros desde hace siglos en cualquier parte del mundo.

Los primeros libros en forma de códice aparecieron en la antigua Roma y durante un tiempo convivieron con los rollos. Entre los siglos II y IV empezaron a imponerse de forma gradual porque eran mucho más fáciles de manejar, transportar y consultar que los rollos. Un libro permite acceder de un modo mucho más rápido a cualquier punto del texto y permite escribir en ambos lados de la hoja, lo que supone un notable ahorro de papiro, pergamino o papel. A partir del siglo V se utilizaba ya el códice de forma mayoritaria. Los chinos descubrieron el códice por su cuenta, pero tardaron mucho más en adoptarlo.

Habría, pues, que plantearse si podemos afirmar con todo lo expuesto anteriormente que Occidente está en decadencia. A la luz de los hechos no lo parece. La civilización occidental ha triunfado como no lo ha hecho ninguna otra en toda la historia. Recuerdo una vez más que Occidente no es propiamente un lugar concreto, es un concepto, una manera de entender al ser humano, cómo se debe organizar la sociedad y cuál es el mejor modo de progresar material y espiritualmente. La Declaración Universal de los Derechos Humanos es, como su nombre indica, universal, pero fue elaborada en Occidente. Dos juristas, uno francés y otro canadiense, le dieron forma y está basada en la Declaración de los Derechos del Hombre y del Ciudadano que la Asamblea Nacional Constituyente francesa aprobó en agosto de 1789, solo cinco semanas después de la toma de la fortaleza de la Bastilla. Es cierto que, en muchos países del mundo, todos no occidentales, los derechos humanos se violan de forma rutinaria, pero sus Gobiernos niegan repetidamente haberlo hecho. Saben en qué marco mental se mueve el mundo y asumen que no pueden cambiarlo, de modo que se esfuerzan en fingir. Occidente, en definitiva, no solo no está en decadencia, sino que su cosmovisión se ha contagiado a todos. El mundo se ha aplanado en los dos últimos siglos, pero con un rodillo occidental. Desconocemos cómo será el mundo de mañana, pero si de algo podemos estar seguros es de que se parecerá más en todo al Occidente de la era de los descubrimientos que a la China de la dinastía Ming, a la India del Imperio mogol o a la Turquía otomana.

Capítulo 3

El pasado no es presente

De necios sería engañarse; fantasear con el pasado es algo que siempre se ha hecho. En tanto que nuestra vida es tan breve y los recuerdos personales alcanzan en el mejor de los casos unas pocas décadas, tenemos que conocer lo que sucedió antes de nosotros a través de relatos que, a su vez, se alimentan de fuentes. Estas fuentes, fundamentales para los historiadores, son más escasas y menos fiables cuanto más nos alejamos en el tiempo. Del reinado de Sargón de Acad no sabemos mucho, de la conquista de México bastante más, del desembarco de Normandía podemos elaborar una cronología al minuto. Esa es la razón por la que es más tentador fabular con la batalla de Agincourt en 1415 que con la de Galípoli justo quinientos años después. En ambos casos hablamos de historia, también en el caso de Galípoli, de la que ha pasado más de un siglo y ya no queda memoria viva. Pero la Edad Media nos queda muy lejos y lo que sabemos de ella es a través de fuentes, a menudo fragmentarias y contradictorias, de restos arqueológicos y, lo que es más habitual todavía, de narraciones de ficción elaboradas en tiempos recientes. De las grandes batallas de la Primera Guerra Mundial, en cambio, hay una infinita literatura histórica, fotografías, películas rodadas en el curso de los acontecimientos, prensa escrita, diarios, testimonios y hasta series de televisión.

El pasado por el bien del presente

La ficción es desde hace siglos una herramienta muy poderosa de divulgación histórica. Hasta principios de siglo XIX los dramaturgos y novelistas se valían de acontecimientos pasados para ambientar sus historias, pero no pretendían ser rigurosos. Se nutrían de leyendas, a menudo mitológicas, o bebían de fuentes antiguas. El caso más ilustrativo es el *Julio César* de William Shakespeare, inspirado en las *Vidas paralelas* de Plutarco, un libro que acababa de ser traducido al inglés por Thomas North, un cortesano de tiempos de la reina Isabel I. North se manejaba bien en francés y en español, dos lenguas de prestigio en aquella época. Las *Vidas paralelas* la tradujo de la versión francesa que Jacques Amyot había volcado del latín. North, como otros intelectuales de aquel entonces, estaba muy interesado en la antigua Roma. Antes de ponerse con Plutarco había traducido el *Reloj de príncipes* de Antonio de Guevara, también conocido como *Libro áureo de Marco Aurelio*, un tratado didáctico y moralizante dirigido a los gobernantes, en el que el autor proporciona consejos para que el príncipe se deje guiar por el camino de la virtud. Es un relato ficticio inspirado en la vida del emperador romano Marco Aurelio, recreado como un modelo ideal de príncipe cristiano. Guevara, que en la portada del libro se define como predicador y cronista del emperador Carlos V (y obispo de la diócesis granadina de Guadix), estructura el contenido en forma de cartas, relatos y discursos, todo con un estilo muy retórico que hizo las delicias de los humanistas europeos. North, como muchos de ellos, quedó fascinado con él y corrió a traducirlo para presentárselo a la soberana inglesa como vademécum de consejos llegados directamente del mismo Marco Aurelio. No era así, los consejos venían de un obispo español que pertenecía a la orden franciscana, pero eso era lo de menos.

Que el relato de Guevara o el de Plutarco fuesen históricamente precisos era algo que a North le resultaba intrascendente, lo que quería era utilizar la historia como argumento de autoridad. Nuestros antepasados reverenciaban a quienes les habían precedido, especialmente los monarcas. No era algo casual. Para ejercer el poder es necesario que ese mismo poder sea legítimo, de lo contrario los súbditos se pueden rebelar o aparecerán rivales que ambicionen el cargo y traten de hacerse con él por la bravas. En las democracias actuales la legitimidad proviene directamente de las urnas y del respeto por las leyes. Un gobernante que comete fraude electoral pierde la legitimidad en el acto, lo mismo le sucede a aquel que violenta las leyes o pisotea la Constitución. En tiempos históricos un rey lo era porque disponía de los derechos legítimos; ya por herencia directa, ya por algún tipo de compromiso con terceros para obtener el título. La primera obligación de un monarca era asegurarse descendencia legítima, cuanta más mejor porque la mortalidad infantil era muy elevada. Cuando un rey moría sin tener una descendencia clara había problemas inmediatamente, los aspirantes a la corona se peleaban entre ellos y eso traía guerras e inestabilidad.

Las crónicas medievales, que son siempre declaraciones de parte, tratan de hacer ver como el rey en ejercicio está precedido por una cadena ininterrumpida de monarcas que muchas veces llevan hasta tiempos de los romanos. Se escudriñaba el pasado no tanto para comprenderlo como para extraer lecciones y justificaciones. La historia se hacía por el bien del presente. Para ello era necesario abstraer las cosas de su contexto histórico y juzgarlas a partir del contexto propio. En el caso de Guevara ese contexto propio significaba presentar a Marco Aurelio, un emperador pagano del siglo II, como modelo para los príncipes cristianos del siglo XVI.

Antonio de Guevara entregó a la imprenta su *Reloj de príncipes* en 1529, momento álgido del reinado de Carlos V. Para entonces Maquiavelo ya había escrito su celebérrimo *El príncipe*. Lo escribió en 1513, poco después de abandonar Florencia exiliado, pero no se publicó hasta 1532, cinco años después de su muerte. *El príncipe* se tiene como uno de los primeros tratados de ciencia política, pero en buena medida es un libro de historia. Maquiavelo utiliza profusamente referencias históricas para fundamentar sus razones y demostrar sus teorías sobre cómo adquirir y mantener el poder político. Su método se basa en el análisis de hechos pasados y presentes para extraer lecciones prácticas. No buscaba exhibir un ideal utópico del gobernante, sino proporcionar a los príncipes de su época un manual práctico sobre la realidad del poder tal y como él lo había observado como secretario de la cancillería de la República de Florencia.

Para Maquiavelo, la historia no era simplemente un registro del pasado, sino un gran laboratorio en el que, a lo largo del tiempo, se había experimentado de forma incesante. Estaba persuadido de que la naturaleza humana y los principios del poder eran constantes. Por lo tanto, las lecciones del pasado podían aplicarse directamente al presente. Su fuente de inspiración histórica recurrente es la antigua Roma. Admiraba la organización militar, la disciplina cívica y la capacidad de expansión de la República romana. Para Maquiavelo, Roma ofrecía insuperables ejemplos de *virtù* —entendida no como virtud moral, sino como habilidad, vigor y astucia política— y de cómo manejar la «fortuna», es decir, la siempre caprichosa suerte. Más allá de Roma recurre a otros ejemplos de la Antigüedad, como Agatocles y Hierón de Siracusa, dos tiranos griegos cuyas historias le sirven para aleccionar sobre el uso de la crueldad y la astucia para llegar al poder. Distingue entre una crueldad «bien usada» (rápida, necesaria para la seguridad del príncipe y que no se perpetúa) y una «mal usada» (continua, creciente y dirigida contra los súbditos). Pero no se queda en la Antigüedad. Echa mano también de la historia que más cerca le queda, la de la turbulenta Italia del Renacimiento, fragmentada en varios Estados constantemente envueltos en conflictos. Pone ejemplos como César Borgia o Fernando el Católico y contraejemplos como Luis XII de Francia. *El príncipe* no utiliza la historia para fantasear con ella, sino como yacimiento de información valiosa y extrapolable a su tiempo. La obra está dedicada a Lorenzo de Medici con idea de recuperar el favor de la familia. Le dice que el libro es un regalo, pero que no ha encontrado entre todas las cosas que posee ninguna más valiosa que su conocimiento sobre los gobernantes que han existido. Eso, prosigue Maquiavelo, lo ha adquirido gracias a una «dilatada experiencia de las horrendas vicisitudes políticas de nuestra edad, y merced a una continuada lectura de las antiguas historias».

Maquiavelo hacía uso de la historia con un sentido similar al de Guevara y al de otros tratadistas de la época. Se valía de ella sin fantasear más de lo estrictamente necesario, pero seleccionando muy bien qué contar y qué dejar oculto para validar sus tesis. Para ello, como persona cultivada que era, sabía dónde echar mano de las fuentes adecuadas, por lo general obras antiguas y bien conocidas por los intelectuales medievales y renacentistas.

COMBUSTIBLE DE FICCIÓN

Tal y como podemos ver, estos ensayistas que orbitaban en torno al poder daban una gran importancia al pasado como materia prima. Los dramaturgos no iban a ser menos. Y eso nos devuelve a Shakespeare, su *Julio César* y la historia como elemento primordial de la ficción. Shakespeare compuso varios dramas de trasfondo histórico, todos muy representados y sobradamente conocidos como *Ricardo III*, ambientado en la guerra de las Rosas siglo y medio antes; *Enrique V*, centrado en la victoria inglesa de Agincourt durante la guerra de los Cien Años; *Antonio y Cleopatra*, *Coriolano*, *Pericles, príncipe de Tiro* o *Enrique VIII*. Los británicos demostraron desde muy temprano una gran afición a la historia, algo que han mantenido hasta nuestro tiempo, lo cual dice mucho y muy bueno a su favor. En España, Lope de Vega escribió *Fuenteovejuna* inspirada en una rebelión popular en el pueblo cordobés de Fuente Obejuna contra un comendador tiránico durante el reinado de los Reyes Católicos. Calderón de la Barca escribió *El alcalde de Zalamea*, una historia prácticamente inventada, pero se la llevó un siglo atrás, a tiempos de Felipe II. En Francia, Pierre Corneille escribió en esta misma época obras como *Cinna*, ambientada en la Roma de Augusto, mientras que Jean Racine hizo lo propio con *Británico*, una tragedia inspirada en la tormentosa relación del emperador Nerón con Británico, hijo de Claudio y Mesalina y, por lo tanto, legítimo heredero al trono.

Los dramas de ambientación histórica fueron extremadamente populares en la Europa de la Edad Moderna. Con la aparición de la ópera en el siglo XVIII pasaron a integrar las conocidas como óperas serias que, en contraposición a las óperas bufas, abordaban asuntos de cierta relevancia. *Rinaldo*, de Händel, está ambientada en la primera cruzada. Parte de un poema épico del italiano Torquato Tasso que se titula *Jerusalén liberada*, debidamente adaptado y musicalizado por Händel cuando tenía solo veintiséis años con la intención de consolidarse en la escena operística londinense. En *Rinaldo* se encuentra una de las arias más famosas de toda la historia de la música, el «Lascia ch'io pianga» que canta Almirena, amada del caballero Rinaldo, que se encuentra presa de los sarracenos en Jerusalén. *Rinaldo* fue estrenada en 1711, pero la moda de las óperas de temática histórica duró todo el siglo. Fueron varios los compositores que se dedicaron a ella, incluyendo a Mozart, que compuso poco antes de morir en 1791 *La clemenza di Tito*, en la que lleva la acción a la Roma de la dinastía Flavia, inventándoselo absolutamente todo. El libretista Caterino Mazzolà aprovechó un texto de Pietro Metastasio para presentar a un emperador Tito magnánimo y benevolente, toda una exaltación de la clemencia como la virtud suprema de un gobernante. No es que Mozart estuviese especialmente interesado en la antigua Roma, que no lo estaba, sino que compuso esta ópera para celebrar la coronación del emperador Leopoldo II, que se preciaba de ser un monarca ilustrado. La historia, una vez más, servía como mina de la que extraer lecciones aplicables al presente.

La ficción, ya sea en forma de tragedia, de ópera o de novela, es una herramienta magnífica para ese cometido. La novela histórica es algo relativamente tardío. La primera no vio la luz hasta 1814, cuando Walter Scott, un escritor escocés aficionado a los relatos de terror que se pusieron de moda en la Inglaterra georgiana, dio a la imprenta *Waverley* ambientando la trama en la rebelión jacobita de 1745. Scott le terminaría tomando gusto a la historia novelada, porque en unos pocos años escribió algunos títulos que se han ganado la inmortalidad, como *Ivanhoe* o *El corazón de Midlothian*. El género se puso muy de moda y se extendió al continente. En Francia, autores como Alejandro Dumas y sus *Tres mosqueteros* o Víctor Hugo y su *Nuestra señora de París* colocaron a las novelas históricas entre las más vendidas. En Italia, Alessandro Manzoni publicó en 1827 *Los novios*, ambientada en el norte de Italia durante el dominio español del Milanesado. En España, Benito Pérez Galdós se propuso novelar la historia contemporánea de España con sus *Episodios nacionales*, un total de 46 novelas que empiezan en la batalla de Trafalgar y que terminan con la llegada de Antonio Cánovas del Castillo al poder tras el regreso de la familia Borbón al trono. A Pérez Galdós escribir la serie le llevó cuarenta años de trabajo, desde 1872 a 1912.

Estas novelas perseguían entretener, y, en el caso de Pérez Galdós, también enganchar al público, porque se esmeró con la tarea haciendo una saga extraordinariamente larga. Este extremo lo consiguió de sobra, ya que tuvieron muchas ediciones. Pero, aparte de eso, algunas tenían carga política. Los *Episodios nacionales* trataban una época tan cercana que el autor, de inclinaciones liberales, no ocultó lo que quería decir y a quién quería decírselo. La obra de Manzini también iba cargada de intenciones, esta vez contra Austria. Lombardía estaba controlada por los españoles de tiempos de los Habsburgo. Don Rodrigo, el villano de *Los novios*, es un aristócrata español que intenta evitar el matrimonio entre los dos protagonistas. Criticar a los Habsburgo españoles del siglo XVII era un modo indirecto de hacer lo propio con los Habsburgo austriacos del XIX, que en el momento en el que se publicó la novela ocupaban todo el norte de la península italiana tras la reorganización del mapa de Europa que siguió al congreso de Viena. Para entonces, el nacionalismo italiano estaba empezando a cobrar fuerza y esa novela de Manzini entraba en el debate tomando partido.

El pecado del presentismo

Ni los tratadistas del Renacimiento, ni los libretistas de las óperas barrocas, ni los novelistas decimonónicos, ni los directores del cine de género histórico ya a partir del siglo XX pretendían ser objetivos. El pasado les servía como inspiración para sacar de él consejos, o como decorado inmejorable para ambientar sus historias ficticias. Que haciéndolo se aprovechasen de él es indiscutible, pero ni eran historiadores ni tenían aspiración alguna de serlo, entre otras cosas porque los historiadores como tal aún no existían. Podían dar incluso un significado político al pasado y proyectarlo sobre el presente. Para ello se nutrían del conocimiento histórico que se había ido acumulando de forma un tanto desorganizada. Hasta bien entrado el siglo XIX la historia no adquirió rango académico; no fue, por decirlo de un modo que todos entendamos, un oficio. Es cierto que en la Antigüedad ya encontramos figuras como Heródoto o Tucídides, que realizaron una aproximación narrativa y analítica a los hechos pretéritos, pero no eran historiadores en el sentido contemporáneo del término. Autores romanos como Tito Livio, Tácito o Polibio fueron herederos de esa tradición. Sus obras trataban de explicar el pasado con rigor, pero trufándolo de mitos, leyendas y a menudo dejándose llevar por sus propias filias y fobias. Posteriormente, ya en la Edad Media, el trabajo histórico estuvo dominado por los cronistas, que se limitaban a elaborar cronologías de encargo que luego han resultado muy útiles, pero no iban más allá de una enumeración de años y acontecimientos a mayor gloria de tal o cual casa reinante. A partir del siglo XVI, el interés por las fuentes clásicas y por entender el pasado de forma sistemática fue creciendo hasta que, ya en el siglo XIX, la historia se consolidó como una disciplina separada con su metodología propia.

Es a partir de ese momento cuando podemos empezar a hablar de presentismo, una dolencia que el medievalista francés Marc Bloch calificó como el «más imperdonable de todos los pecados en una ciencia del tiempo». Bloch se refería concretamente a lo que se conoce como anacronismo. El anacronismo consiste en introducir elementos como conceptos, valores morales, tecnologías, mentalidades y sensibilidades propios de una época en otra a la que no pertenecen histórica o culturalmente. Al proyectar las categorías, preocupaciones y juicios del presente sobre el pasado, el presentismo incurre sistemáticamente en anacronismo. Se juzgan acciones o ideas pasadas sin considerar si eran siquiera posibles o razonables dentro del universo mental y material de la época en cuestión.

Este tipo de presentismo se hace hacia delante y hacia atrás. En el primer caso, interpretamos tal o cual acontecimiento histórico desde una óptica del presente, en el segundo, nos llevamos esa óptica al pasado. En la ficción histórica es muy común encontrarse con la segunda variedad. Todos hemos visto alguna película ambientada en la Roma de hace dos mil años en la que uno de los protagonistas, por lo general una mujer piadosa que simpatiza con los cristianos, se opone a la esclavitud, algo altamente improbable, ya que la esclavitud en el mundo antiguo formaba parte del paisaje. Prácticamente nadie la consideraba inmoral y, por lo tanto, no se ponía en duda. Muchos libertos, es decir, antiguos esclavos que habían conseguido la libertad, tan pronto como prosperaban económicamente, adquirían esclavos para trabajar en sus negocios o servir en sus hogares. Hoy nos puede parecer inconcebible, pero era así. Otro anacronismo muy común en las películas y series de temática histórica es el de llevarse mujeres emancipadas y poderosas propias del siglo XXI a siglos pasados. Sin duda hubo mujeres con mucho poder en ciertos momentos y lugares. Algunas damas romanas como Livia Drusila, la esposa de Octavio Augusto, o Agripina la Menor fueron realmente poderosas, lo mismo que Teodora de Bizancio, Leonor de Aquitania o Isabel la Católica, pero no poderosas en el sentido en el que lo entendemos hoy. Ni se comportaban, ni se expresaban, ni estaban movidas por el mismo espíritu que las mujeres occidentales de nuestro tiempo, por la simple razón de que no eran mujeres de nuestro tiempo, sino del suyo. Eso en una película o en una novela es excusable en tanto que se trata de historias dramatizadas, y a los autores les asiste el derecho de tomarse tantas licencias como crean necesarias para que la trama tenga sentido y atraiga al lector o al espectador, pero es imperdonable en el caso de los ensayos, aunque sean de carácter divulgativo.

Lo de llevarse el presente al pasado es muy habitual en el campo de la ficción y siempre lo será. No se me ocurre mejor escenario para un amorío que un palacio francés de tiempos de Luis XV, ni decorado más apropiado para una gran aventura que las cruzadas o la conquista del oeste americano. No tiene en principio nada reprochable siempre que se descuente que una novela histórica es, antes que cualquier otra cosa, una novela. Lo mismo vale para las películas, las series de televisión o los videojuegos de temática histórica. Pero este anacronismo no se queda ahí. Es cada vez más corriente encontrarse con ensayos divulgativos e incluso académicos en los que el autor se lleva valores y mentalidades del presente al pasado con intención de santificar o demonizar a ciertos personajes históricos, en ocasiones épocas enteras, porque pretende devolverlos de vuelta al pasado con los ropajes morales que les acaba de poner.

El otro tipo de anacronismo, el de traerse el pasado al presente, se ve mucho menos en la ficción. Por traerse el pasado al presente hay que entender la operación de juzgar a nuestros ancestros con los filtros morales de nuestro tiempo. Ejemplos que ilustran esto abundan. Hablaba más arriba de la esclavitud en tiempos de la antigua Roma, una institución incomprensible para nosotros, pero enteramente válida en aquella época y en los siglos que siguieron. La esclavitud, de hecho, fue de lo más corriente en todo el mundo hasta fechas relativamente recientes. En Europa no se empezaron a plantear su inmoralidad intrínseca hasta finales del siglo XVIII y no se abolió por completo hasta un siglo más tarde. En otras partes del mundo seguiría existiendo mucho más tiempo y aún hoy persiste de diversas formas como trabajo forzado, trata de personas, matrimonios pactados, explotación sexual y servidumbre por deudas, en lo que se ha dado en llamar esclavitud moderna. Según el Global Slavery Index, hay en nuestro mundo unas 50 millones de personas que viven en condiciones de esclavitud moderna. Hoy es, afortunadamente, una minúscula fracción de la población mundial, pero en el pasado constituyó la norma. Nuestra obligación es saberlo y entender el porqué. Podemos también extraer lecciones, pero ahí entraríamos en el terreno de la filosofía y saldríamos del de la historia. Podemos ir un paso más allá, ponernos la toga y abrir juicio sumario a nuestros antepasados por tamaña felonía. En ese caso nos meteríamos de lleno en el campo de la política. La política necesita a la historia para poder retorcerla a su gusto, pero la historia no necesita a la política, razón de más para mantener las dos disciplinas separadas por un muro impenetrable.

El de la esclavitud no es el único hecho histórico que se «presentiza». Los hay que miran con los ojos del siglo XXI el sistema educativo de los espartanos, conocido como la *agogé*, concebido para formar ciudadanos fuertes, disciplinados y leales al Estado. Comenzaba a los siete años, cuando los niños varones eran separados de sus familias y enviados a vivir en barracones bajo un régimen cuartelero estricto. Los niños eran sometidos a ejercicios, combates y pruebas de resistencia para desarrollar fuerza, agilidad y habilidades marciales. Vivían en condiciones muy duras con comida escasa, ropa mínima y castigos severos para fomentar la resistencia y la obediencia. Aprendían tácticas de combate, manejo de armas y se les inculcaba lealtad ciega a Esparta, camaradería, valor en la batalla y desprecio por la debilidad. Los espartanos del siglo V a. C. no eran malvados, eran espartanos del siglo V a. C., y esa manera de organizarse respondía a unas circunstancias históricas y geográficas muy concretas. Si hoy pensamos en hacer eso a un niño de siete años se nos abren las carnes, pero en la Grecia de aquella época no existían los derechos humanos y, mucho menos, los derechos del niño. Si tuviésemos la ocasión de mostrárselos les parecerían una inconcebible aberración.

Pero la Antigüedad no es la época favorita de los presentistas. El tiempo es un factor limitante para hacer uso político de algo, el kilómetro sentimental que veremos más adelante importa. Todos sabemos que los hombres del Paleolítico no eran precisamente refinados y no por ello les juzgamos. El Paleolítico queda lo suficientemente lejos como para que no nos afecte. Sabemos, por ejemplo, que nuestros ancestros más lejanos practicaban el canibalismo con relativa frecuencia, pero no nos impresiona, nos limitamos a constatarlo de forma desapasionada como si estuviésemos describiendo la técnica del arte parietal magdaleniense. Con la historia antigua pasa algo parecido. El código de Hammurabi data del siglo XVIII a. C., está muy lejos, a casi cuatro mil años de distancia, por eso lo miramos con cierta condescendencia a pesar de que tiene disposiciones un tanto peculiares como la condena por ahogamiento para los adúlteros o el repudio de la esposa si no atiende adecuadamente la casa. Conforme más nos acercamos y se van conformando los límites de nuestro mundo con categorías políticas más fácilmente aprehensibles, más presentismo se hace, más se distorsiona el contexto histórico para aterrizar el presente sobre él y, sobre todo, para aplicar sus juicios morales.

El presentismo de nuestro tiempo es esencialmente moralista. Se prioriza el juicio sobre la comprensión y eso engendra monstruos. El objetivo primordial del historiador debería ser explicar cuándo, cómo y por qué ocurrieron los hechos, analizando las circunstancias, las intenciones y las consecuencias de esos mismos hechos. Lo más probable es que el investigador se encuentre con problemas de datación y de documentación, y eso le empuje a formular hipótesis que luego se debatirán durante años. Su labor nunca debe ser erigirse en juez moral del pasado basándose en criterios morales actuales. Estos juicios anacrónicos no solo dificultan la comprensión, sino que abren la puerta a un constante revisionismo histórico que siempre es arbitrario porque se fundamenta sobre las sensibilidades de un momento muy concreto. Pocas cosas fluctúan más que las sensibilidades en función de la época. Esto es algo que tenemos ocasión de comprobar a lo largo de nuestra propia vida. Cualquiera que tenga más de cuarenta o cincuenta años sabe que usos, costumbres y consensos sociales que en su niñez eran compartidos hoy están mal vistos y viceversa.

Las manifestaciones de este presentismo son visibles y a menudo levantan una formidable polvareda mediática. Entre los historiadores existe la tentación permanente de buscar en el pasado «padres fundadores» o «pioneros» de ideas, movimientos o tecnologías muy valoradas en el presente, a menudo forzando las conexiones o ignorando el contexto original del pensamiento de esas figuras históricas. Un ejemplo bien conocido por todos es Demócrito de Abdera, aclamado de forma retrospectiva como el «padre de la física» por su idea filosófica de los átomos. Se trata de una selección y reinterpretación del pasado en función de descubrimientos posteriores, pero sin averiguar ni comprender el significado original de esas ideas en su propia época. Eso, con todo, no es preocupante. La física es una ciencia reciente y es lógico que quieran los físicos enraizarse en el pasado remoto, más aún si es en la antigua Grecia.

Pero no siempre es tan inocente esta operación. En el siglo XIX, cuando se fueron formando los Estados nación en Europa y América, se empezó a adjudicar conceptos y categorías desarrolladas en aquella época a sociedades del pasado en las que esos conceptos no existían o tenían significados muy diferentes. En Europa se establecieron vínculos entre los pueblos prerromanos o los pueblos bárbaros con los Estados nación que estaban apareciendo. En Francia, Napoleón III encargó en 1865 una gran estatua dedicada al caudillo galo Vercingétorix, que cayó derrotado ante Julio César en la batalla de Alesia. En Alemania no quisieron quedarse atrás. En 1875 se inauguró en presencia del emperador Guillermo I una estatua monumental a Arminio, conocido en Alemania como Hermann, jefe de la tribu germánica de los queruscos que en el año 9 de nuestra era derrotó a los romanos en el bosque de Teutoburgo. Tanto Vercingétorix como Arminio se convirtieron en poderosos símbolos de los nacionalismos francés y alemán respectivamente. De hecho, en la espada que porta Arminio grabaron una frase en alemán moderno que dice: «Deutsche Einigkeit, meine Stärke – Meine Stärke, Deutschlands Macht» (la unidad alemana, mi fuerza – mi fuerza, el poder de Alemania). En España en aquel entonces se empezó a idealizar a los celtíberos que habían resistido en Numancia, y a ciertas figuras como Viriato, un caudillo lusitano que se enfrentó a los romanos en el siglo II a. C. En 1883 se le dedicó una estatua que, una vez expuesta en la Exposición Nacional de Bellas Artes, se instaló en una céntrica plaza de Zamora, lugar en el que se cree que nació Viriato, sobre una roca a modo de pedestal con la inscripción «Terror romanorum» (terror de los romanos). El Gobierno portugués, que también reclamaba a Viriato como propio, encargó otra estatua unos años después que hoy se encuentra en un parque a las afueras de la ciudad de Viseu. La de Viseu la hizo curiosamente un escultor español, Mariano Benlliure, a quien años antes el Gobierno peruano le encargó un monumento ecuestre dedicado al libertador José de San Martín, que se encuentra en Lima en la plaza del mismo nombre.

No hace falta recordar que ni Arminio ni Vercingétorix ni Viriato se consideraban a sí mismos alemanes, franceses o españoles, el «pasaporte» se lo entregaron casi dos mil años después de su muerte con intención de nacionalizarlos por la vía de urgencia. Y, lo que es peor, todo lo que sabemos de ellos es gracias a que los romanos tuvieron el detalle de consignar sus nombres en las crónicas. De no haber sido así nadie se acordaría de ellos. Arminio al menos venció, liquidando de paso tres legiones romanas al mando de Publio Quintilio Varo, pero tanto Vercingétorix como Viriato fueron derrotados. Viriato más que derrotado fue traicionado por sus propios hombres. Pero no solo eso, el francés, el español y el portugués son lenguas romances que derivan directamente del latín. Nuestra cultura proviene, en definitiva, de Roma, no de los pueblos prerromanos por muy valientes y arrojados que fuesen sus caudillos. Pero los Gobiernos de hace siglo y medio necesitaban proyectar lo suyo hacia el pasado, cuanto más remoto mejor para así validar su tesis de que la nación era muy antigua y llevaba siglos (en este caso milenios) esperando a que surgiese un Estado que la llevase de la mano.

No es malo recordar e incluso homenajear a ciertas figuras históricas, especialmente las que firmaron un papel estelar protagonizando acontecimientos importantes, pero siempre entendiéndolas dentro de su época, no reinventándoselas al gusto y disponiéndolas después como limones listos para exprimir y sacarles todo su jugo político. No se es, en definitiva, menos alemán si se conoce quién fue Arminio, o menos español si se asume que España tal y como la entendemos no existía en tiempos de Viriato.

Este uso político del pasado no ha remitido, más bien todo lo contrario. Lo ha hecho, además, de una forma un tanto peculiar. Los anacronismos de aquellos Gobiernos del siglo XIX perseguían fortalecer la idea del Estado nación proyectándola hacia el pasado. Hacían presentismo con la voluntad expresa de que la comunidad nacional mirase al futuro con ganas, optimismo y, para qué negarlo, algo de militarismo. Si Arminio ya había sido alemán y él solo pudo derrotar a los romanos, que era el mayor imperio de su época, ¿qué no conseguiría la nueva Alemania de Guillermo I? Se falseaba el pasado atribuyéndole categorías del presente para animar a la población y embarcarla en un proyecto concreto, el de la grandeza nacional que, en algunos casos como el alemán, pasaba por expandirse y reclamar su sitio. En la España del siglo XIX se produjo un fenómeno curioso al respecto. Durante siglos en la España peninsular los conquistadores como Hernán Cortés, Francisco Pizarro o Diego de Almagro no estaban bien vistos. Se les consideraba unos aventureros sin escrúpulos que habían cruzado el Atlántico persiguiendo riquezas y que, para colmo de males, muchas veces acabaron matándose entre ellos. En la España americana sucedía todo lo contrario. La figura de estos hombres era reverenciada por los criollos que veían en ellos el origen de su mundo. A finales del XIX se invirtieron las tornas. El pasado se fabricó a la medida tanto en España como en América. En España recuperaron esas figuras tan controvertidas en otro tiempo y empezaron a honrarlas. En América, las élites criollas que habían traído la independencia renegaron de ellas.

Vayamos con dos ejemplos que ilustran este cambio. Hernán Cortés murió en un pueblo cercano a Sevilla en 1547 cuando se disponía a regresar a las Indias. Cumpliendo con su deseo, sus restos fueron llevados a Nueva España y allí estuvieron sepultados en diferentes iglesias hasta que, en 1794, cuando al virreinato le quedaban apenas veinticinco años de vida, fueron trasladados con gran pompa a un mausoleo en la iglesia de Jesús Nazareno. En 1823, ante el creciente sentimiento antiespañol y el temor de que fuesen profanados, los restos se ocultaron. Se difundió incluso la idea de que habían sido enviados fuera del país. Permanecieron ocultos durante más de un siglo, hasta 1946, cuando fueron redescubiertos gracias al empeño de un grupo de historiadores mexicanos. Una vez autentificados, al año siguiente se enterraron en un humilde nicho de la misma iglesia, que es donde continúan. En solo un cuarto de siglo los novohispanos pasaron de homenajear a Cortés a esconder sus restos.

Con Cristóbal Colón sucedió a la inversa. El almirante murió en Valladolid en 1506 y fue enterrado en un convento de la ciudad, el de San Francisco. Tres años más tarde se llevaron los restos a Sevilla, al monasterio de la Cartuja, donde estuvieron hasta 1542, año en el que se trasladaron a la catedral de Santo Domingo. Ahí permanecerían hasta que se cedió la isla a los franceses en 1795. Eso obligó a llevárselos a La Habana, donde estarían hasta 1899 cuando, tras la derrota en la guerra contra Estados Unidos y la entrega de Cuba, se trasladaron de vuelta a Sevilla, pero no a su antigua tumba en la Cartuja, sino a la misma catedral. El Gobierno encargó un espectacular mausoleo de estilo historicista en bronce y mármol que se encuentra junto a la puerta de los príncipes. De este modo, los restos de Colón, a quien los Reyes Católicos trajeron de América en 1500 cargado de cadenas y tuvo que renunciar a los derechos otorgados en las capitulaciones de Santa Fe, cuatro siglos más tarde eran recibidos por todo lo alto.

La historia es moldeable, lo que interesa se promociona, lo que no interesa se olvida o simplemente se pasa por alto como si no hubiese existido nunca o fuera intrascendente. Pero, en esta época que acabamos de ver con los dos ejemplos referidos, el presentismo se hacía con intención de fortalecer al poder e infundir vigor al pueblo, especialmente en épocas de abatimiento como tras la guerra de Cuba o, cuatro décadas más tarde, tras la guerra civil.

En 1940, una vez el bando sublevado se había impuesto, el nuevo Gobierno de Francisco Franco recuperó esa idea decimonónica de la historia patriótica y la elevó unos cuantos grados. Los intelectuales del régimen glorificaban épocas concretas de la historia de España, las que consideraban que constituían la cumbre de su poder, especialmente el reinado de los Reyes Católicos y la época de los Habsburgo, pero solo de los dos primeros, Carlos V y Felipe II, ya que después estaban persuadidos de que había comenzado la decadencia y eso no les interesaba tanto. La intención de Franco era que los españoles sintiesen orgullo por su pasado o, al menos, por una serie de episodios cuidadosamente seleccionados de su pasado para que los proyectasen sobre el futuro. El régimen se presentaba como heredero directo y restaurador de la España gloriosa de los Reyes Católicos y Felipe II. La propaganda establecía un paralelismo entre Franco y aquellos monarcas, indicando sin disimulo que estaba devolviendo a España la unidad, la fe católica y el protagonismo histórico perdidos durante siglos de decadencia. En ese punto hacían una pirueta histórica y enlazaban el declive de los Habsburgo hispanos en el siglo XVII con el liberalismo de doscientos años después. Se trataba de una tergiversación histórica un tanto burda, como la que hizo Benito Mussolini con el Imperio romano, o la Alemania de Bismarck, que adoptó el nombre oficial de segundo imperio alemán. El primero había sido el Sacro Imperio Romano Germánico, que desapareció formalmente en 1806, cuando Francisco II, el último de sus emperadores, lo declaró disuelto.

Pero esa tergiversación no perseguía culpabilizar, sino emplear ese engaño para crear conciencia nacional. La historia se había convertido en un ámbito más de la militancia política. El presentismo de nuestros días es más retorcido y, aunque parte de idénticos principios que el anterior, busca repartir culpas y hacer sentir vergüenza. No ha cambiado la idea de instrumentalizar la historia con fines políticos, pero ahora la intención es desmoralizar a la gente, que se sienta mal por ser quienes son y que eso les aboque al pesimismo. En suma, que terminemos convencidos de que nada merece la pena porque el pasado fue negro y el presente también lo es, al menos hasta que quienes difunden esas ideas gocen de un poder irrestricto. El movimiento forma parte de las batallas identitarias que trataré más adelante, pero en este caso tiene sus peculiaridades, porque viene a validar aquello que George Orwell dejó por escrito en su novela distópica *1984*: «Quien controla el pasado controla el futuro. Quien controla el presente controla el pasado».

La guerra de las estatuas

La frase de Orwell aplica a cualquier momento de la historia, pero los pensadores posmodernos se la han tomado muy en serio. Hace unos años, en Estados Unidos se desató una «guerra» un tanto particular. Los medios de comunicación dieron en bautizarla como «guerra de las estatuas», una sucesión de conflictos, a menudo simbólicos pero muy intensos, que surgieron en torno a la presencia de ciertos monumentos y estatuas en el espacio público. Durante años los activistas crearon el ambiente propicio y fue en 2020, coincidiendo con los disturbios que sucedieron a la muerte de George Floyd a manos de la policía de Minneapolis, cuando todo saltó por los aires. Antes de que cruzase el Atlántico tuvimos la ocasión de ver desde la distancia como ciertos monumentos erigidos tras la guerra civil se convertían en el epicentro de agrias polémicas porque, según sus detractores, eran símbolos de la supremacía blanca y la defensa de la esclavitud. En principio se trataba de figuras relacionadas con la Confederación, como Robert E. Lee, Albert Pike o Thomas Stonewall Jackson. Pero pronto escogieron otras víctimas, como Ulysses S. Grant a quien, a pesar de haber sido presidente y partidario de la abolición de la esclavitud, le condenaron porque fue propietario de un esclavo antes de la guerra civil. Siguieron entonces por los españoles. Cayeron por doquier las estatuas de Cristóbal Colón, ya que las consideraban símbolos del genocidio indígena; de Juan de Oñate, conquistador de Nuevo México, o de Fray Junípero Serra, un franciscano mallorquín que fundó nueve misiones en la Alta California, entre ellas las que dieron lugar a ciudades como San Diego o San Francisco. Lo de Fray Junípero Serra nadie lo entendía, porque si por algo se caracterizó este fraile fue por sus desvelos por la población indígena, pero eso no importaba, toda estatua que tuviese rasgos europeos y atuendos del pasado era sospechosa. Se vandalizaron un centenar de monumentos sin que las autoridades locales hiciesen nada al respecto, de hecho, en muchas ocasiones contribuyeron a la furia iconoclasta de los manifestantes retirando los monumentos para meterlos en un almacén. Desconozco si seguirán existiendo o ya los han fundido, porque casi todos eran de bronce.

La guerra de las estatuas no tardó en llegar a Europa y a Hispanoamérica. En Colombia cayeron las dos estatuas dedicadas a Sebastián de Belalcázar, fundador de Quito, Guayaquil y Cali. En Bogotá cayó la de Gonzalo Jiménez de Quesada, gobernador de Nueva Granada y fundador de la ciudad. En Chile cayeron la de Pedro de Valdivia, Francisco de Aguirre y García Hurtado de Mendoza. En México, donde nunca erigieron una estatua a Hernán Cortés, las autoridades decidieron retirar la estatua a Cristóbal Colón del paseo de la Reforma por miedo a que la derribasen. Llevaba allí desde 1877, pero, después de casi siglo y medio, el Gobierno de la ciudad decidió que era un emblema del colonialismo, un inadmisible insulto a los capitalinos. Se la llevaron a un museo y allí sigue. Quién sabe si dentro de cien o doscientos años vuelven a sacarla porque están haciendo presentismo en sentido inverso. En Guatemala sucedió algo curioso. En 2021 una turba fue a por el monumento a Cristóbal Colón, pretendían derribarlo con un lazo, pero la estatua se resistió, así que fueron a por otra cercana a la que decapitaron. Se trataba de una estatua ecuestre, pero no de un malvado español, sino de José María Reina Barrios, presidente del país a finales del siglo XIX.

En Europa, origen de todos los males para la izquierda posmoderna, cayeron unas cuantas estatuas, especialmente en el Reino Unido, el último poder imperial del continente. En Bristol la emprendieron contra el monumento a Edward Colston, un comerciante y filántropo del siglo XVII que participó del comercio esclavista de la época. La estatua, como es natural, no se la dedicaron en 1895 por eso, sino por haber fundado escuelas y hospitales. En Londres, la de Robert Milligan, un comerciante que en el siglo XVIII impulsó la construcción de los West India Docks (muelles de las Indias Occidentales) en la ribera izquierda del Támesis, pero que también comerció con esclavos, fue retirada por las autoridades del distrito de Tower Hamlets. Lo intentaron con la de Cecil Rhodes en la fachada del Oriel College de la Universidad de Oxford, pero ahí la propia universidad y el Gobierno británico se plantaron, todo lo más que accedieron fue a colocar una placa informativa para contextualizar al personaje histórico. Cecil Rhodes no fue esclavista, no pudo serlo en tanto que nació en 1853 cuando la esclavitud ya estaba abolida en el Reino Unido, pero sí fue imperialista y seguramente también racista como la mayor parte de los británicos de su época. Pero el monumento en Oxford no se lo levantaron por eso, sino por haber estudiado allí y por financiar un programa de becas de posgrado para la universidad que se siguen concediendo. Las becas Rhodes son, de hecho, las más prestigiosas que otorga la Universidad de Oxford. Los requisitos para conseguir una de ellas son muy estrictos y solo se conceden a los estudiantes más sobresalientes.

La obsesión por destruir estatuas de esclavistas e imperialistas no se detuvo durante meses. Fueron a por la de Robert Baden-Powell, fundador de los Boy Scouts, en Bournemouth, a quien acusaban de racista y homófobo. Baden-Powell vivió muchos años y le dio tiempo a hacer un montón de cosas. Sirvió como oficial en la India y en Sudáfrica y, tras su regreso a Inglaterra, organizó el primer campamento *scout* en la isla de Brownsea, a pocos kilómetros de Bournemouth. El rey Jorge V le llegó a conceder el título de barón y coleccionó órdenes honoríficas por todo el mundo, entre ellas la Gran Cruz de Alfonso XII en España. La razón por la que tenía una estatua en Bournemouth (y otras tantas repartidas por el mundo, una de ellas en la Casa de Campo de Madrid) se debe a que esa ciudad vio nacer el movimiento *scout* de su mano hace más de cien años. Pero el presentista, abonado siempre a la historia militante, escoge solo lo que no le gusta y sobre ello emite una condena inapelable.

En esto el ejemplo definitivo es Winston Churchill. La mayoría de los británicos conocen su existencia y le miran con buenos ojos, a fin de cuentas, su determinación en los oscuros días del verano de 1940 permitió resistir a sus antepasados cercanos frente a la embestida alemana. Churchill es omnipresente en la historiografía inglesa y también en la ficción. Debido a su relevancia histórica y a lo atractivo del personaje ha sido representado en numerosas películas y series a lo largo de los años, tanto en cine como en televisión. En Londres se conserva su gabinete de guerra tal y como lo dejó en los sótanos del edificio del Tesoro. Hasta su propia imagen con el bombín y el puro haciendo el símbolo de la victoria con los dedos se ha convertido en un icono del país. Quizá por eso mismo resultó tan chocante ver como en junio 2020 su estatua en la plaza del Parlamento fue vandalizada. Los manifestantes arrojaron pintura sobre ella y realizaron algunos grafitis, uno de ellos decía que era un racista. Esa plaza está llena de estatuas, muchas de primeros ministros como Benjamin Disraeli, Robert Peel o George Canning, pero fueron a por la de Churchill seguramente porque era el único que conocían y es también uno de los más admirados por los británicos. Señalando sus pecados perseguían liquidar esa admiración y convertirle en un apestado. Como decía Orwell, quien controla el pasado controla el futuro.

El hecho es que en nuestro tiempo pensaríamos que Churchill es un racista, y no solo eso, también un imperialista, un machista y un homófobo. La cuestión es que Churchill no es un hombre de nuestro tiempo, sino del suyo. Puede parecer algo sin importancia, pero no lo es en absoluto. Los valores de nuestra época no coinciden con los de hace dos siglos y, mucho menos, con los de hace dos milenios. Algo tan elemental lo entendíamos sin problemas hasta que el presentismo posmoderno se hizo dueño del discurso. En España es habitual encontrar estatuas dedicadas a personajes históricos de la antigua Roma como Octavio Augusto o Séneca. Al primero porque fundó ciudades como Zaragoza o Mérida, al segundo porque nació en Córdoba, ciudad que, por lo demás, se siente muy honrada de haber sido cuna de uno de los principales exponentes del estoicismo. Tanto el uno como el otro fueron romanos del siglo I y, como tales, compartían los valores morales y la mentalidad de aquella época. Formaban parte de ese mundo y de su marco de creencias. Ambos poseían esclavos y, no contentos con eso, ambos creían firmemente en una institución que estaba extendida por todo el mundo y que se consideraba perfectamente compatible con la civilización. Es posible que también fuesen machistas y no viesen problema alguno en que los gladiadores matasen todo tipo de animales en las *venationes* que se celebraban en los anfiteatros. Octavio Augusto, además de todo eso, fue un dictador, cierto es que las crónicas nos lo presentan como uno especialmente benévolo, pero dictador, a fin de cuentas.

El hecho es que no podemos aspirar a que nuestros antepasados comulguen al ciento por ciento con nosotros. No podemos hacerlo tampoco con nuestros propios conciudadanos a no ser que habite un tirano en nuestro interior, pero con ellos sí que es razonable manifestar desacuerdo. Pero hacerlo con Octavio Augusto, Juana de Arco, el Cid Campeador o Fernando el Católico es simplemente absurdo. Cuando un personaje histórico se ha merecido una estatua quienes la erigieron tenían sus razones. Nuestra labor debe ser entenderlo, pero nunca juzgarlos en clave moral y dictar sentencia condenatoria. En Madrid hay una representación escultórica en bulto redondo de prácticamente todos los monarcas que han pasado por lo que actualmente es el reino de España desde antes de que cayese el Imperio romano. Esto se debe a que Felipe V encargó una colección para adornar la cornisa del nuevo palacio real, pero por razones de peso y estética su hijo Carlos III decidió dejarlas en tierra. Se distribuyeron entonces por distintos puntos de la ciudad, como el parque del Retiro, la plaza de Oriente y los jardines de Sabatini. La idea de Felipe V, el primer monarca de una nueva dinastía, era enlazar con todos los que le habían precedido, así que pidió que tirasen tan atrás como fuese posible. Para entonces ya se habían escrito algunas historias de España y tenían donde mirar. La del padre Juan de Mariana, la *Historia de rebus Hispaniae*, tenía poco más de un siglo de antigüedad, estaba escrita en un latín muy elegante y, lo más importante de todo, era realmente exhaustiva. Mariana empezó antes de la llegada de los romanos y concluyó con los Reyes Católicos. Eso permitía a los cronistas de Felipe V irse hasta Ataúlfo, un rey visigodo que conquistó parte de la Tarraconense y murió asesinado en Barcelona en el año 415. A Felipe V le debió parecer una gran noticia, porque así mostraba a sus súbditos que era el último heredero de una estirpe milenaria. No era cierto, pero, como decía más arriba, demostrar legitimidad siempre fue un asunto de capital importancia para todos los reyes. En esa inmensa galería real no hay un solo demócrata, todos se ciñeron la corona por herencia, después de haber librado una guerra o tras asesinar al anterior como frecuentemente sucedía con los reyes godos. Todos están ahí por haber precedido en el trono a un monarca de origen francés que ganó una guerra de sucesión a principios del siglo XVIII contra un aspirante austriaco. ¿Es motivo eso para retirar esas estatuas? Obviamente no. Esa colección permite hacer un recorrido por la historia de España, algo que no a todo el mundo le interesa, pero que es muy útil para los aficionados. Tienen, además, un valor estético. Un jardín histórico con estatuas siempre será mucho más agradable y, sobre todo, más paseable que uno que no las tenga.

Madrid no es la excepción. Podríamos pensar que, siendo España una monarquía, eso de tener estatuas de reyes en calles y plazas es comprensible, pero no, prácticamente todas las capitales europeas están llenas de monumentos dedicados a monarcas de hace cientos de años. Incluso en la republicana Francia, Luis XIV, el Rey Sol, sigue conservando su estatua en el patio de honor del palacio de Versalles. La estatua ecuestre de Enrique IV se encuentra junto al Pont Neuf en uno de los extremos de la Île de la Cité. Esta última fue destruida durante la Revolución francesa, pero años después se volvió a fundir en bronce para colocarla junto al puente que el mismo Enrique IV había inaugurado en 1607 y que, a pesar de su nombre, es el más antiguo que se conserva en París. En Alemania, que es una república desde hace más de un siglo, Federico el Grande tiene su estatua frente al Altes Palais de Berlín. En Italia, otra república, la estatua ecuestre de Víctor Manuel II preside un conjunto monumental de grandes dimensiones que se inauguró en 1911 en la colina capitolina de

Roma para conmemorar la unificación del país. Los romanos se refieren a él como «Il Vittoriano» y, al ser colosal y estar hecho de mármol blanco, no pasa desapercibido. En Portugal, también una república, José I y Pedro IV tienen su estatua en dos plazas importantes de Lisboa. El primero en la del Comercio entre el muelle de las Columnas y el arco de rua Augusta, el segundo en la de Rossio. La de José I es de tal belleza que si la quitásemos nos quedaríamos sin buena parte del encanto de la plaza. Quizá por eso mismo, cuando los portugueses proclamaron la república en 1910, ni se plantearon retirarla. Al otro lado del Atlántico, en Ciudad de México, también un monarca a caballo preside una céntrica plaza. Aunque los mexicanos se refieren a ella como «el caballito», representa a Carlos IV de España ataviado de emperador romano. Ni Federico de Prusia, José I de Portugal, ni Carlos IV de España, ni Víctor Manuel de Italia ni, por descontado, Luis XIV fueron demócratas, pero los alemanes, los portugueses, los franceses, los mexicanos y los italianos entienden que desempeñaron un papel importante en su historia. Nada que objetar, el pasado está ahí, es conveniente conocerlo y honrar con monumentos a ciertas figuras. Las de todos estos monarcas que acabamos de recorrer se levantaron hace ya mucho tiempo porque la gente de la época entendió que merecía la pena recordarles. En otros casos se han dedicado estatuas a soberanos del pasado cientos de años después. Un caso lo tenemos en Madrid, ciudad con una desmedida afición por las estatuas. La Puerta del Sol, la plaza más céntrica de la capital, exhibe en uno de sus laterales un monumento ecuestre dedicado a Carlos III, pero no se levantó a finales del siglo XVIII, momento en el que pasó a mejor vida, sino dos siglos después a modo de homenaje por las mejoras urbanas que trajo para la ciudad. Pero había también un elemento político. Carlos III fue el mejor representante de eso que se dio en llamar despotismo ilustrado. A las monarquías de nuestro tiempo les gusta mirarse en el espejo de la Ilustración, un movimiento intelectual que propugnaba reformas poniendo el énfasis en la razón y la ciencia. Todos los monumentos son hijos de su tiempo, por eso son herramientas tan útiles para entender la época en la que fueron levantados.

EL KILÓMETRO SENTIMENTAL

Aquí entraríamos en un terreno resbaladizo porque en España, en Alemania, en Italia y en otros muchos países se han retirado monumentos de la vía pública porque representaban a dictadores o ensalzaban a regímenes autoritarios. La caída del muro de Berlín se llevó consigo en Europa del este a todas las estatuas de Lenin y otros prohombres de la época del socialismo real. En Lituania decidieron crear una suerte de parque temático del comunismo en la ciudad de Druskininkai. El parque, llamado Grūto Parkas, alberga unas ochenta esculturas de figuras como Lenin, Stalin, Marx, Engels, Dzerzhinski y cabecillas del partido comunista lituano. Estuvieron todas en plazas y avenidas de Lituania durante aquellos años de oprobio. Con sorna, los lituanos se refieren a él como Stalin's World o la Disneylandia del comunismo. En Praga se inauguró en 2001 un museo dedicado a documentar la historia del comunismo. Es un museo privado que cuenta con dos estatuas de Lenin y Marx que fueron retiradas de las calles de Praga tras el fin del régimen comunista. En Kiev hay un conjunto monumental muy famoso y de aspecto imponente: la estatua de la Madre Ucrania. Fue inaugurado en 1981 como homenaje a la victoria soviética sobre la Alemania nazi en la Segunda Guerra Mundial. La estatua propiamente dicha mide 62 metros de altura, pero debajo tiene un museo que le sirve de pedestal, por lo que la altura del conjunto es de 102 metros, la propia de un rascacielos, razón por la que es visible desde buena parte de la capital. Es una figura femenina colosal hecha en acero inoxidable, lo que le confiere un brillo metálico muy característico, especialmente cuando el sol del amanecer cae sobre ella. La mujer está erguida, con su mano derecha sostiene una espada de 16 metros de longitud, con la izquierda sujeta un gran escudo que hasta hace unos años exhibía la hoz y el martillo y que hoy luce el *tryzub*, el tridente del escudo nacional ucraniano. Más al sur, en Odesa, a raíz de una ley que obligaba a eliminar todos los símbolos soviéticos, un artista local transformó la estatua de Lenin en una de Darth Vader, el villano de la célebre franquicia cinematográfica de Star Wars.

A los lituanos, los checos o los ucranianos no les parece bien tener estatuas de Lenin, Stalin o Marx en sus plazas. Tiene razón de ser. La soviética fue una dictadura especialmente odiosa que se cobró millones de víctimas. Esos monumentos fueron retirados tan pronto como la pesadilla terminó. En Alemania después de la guerra no quedó ni un solo recuerdo del III Reich. Los aliados se encargaron de que así fuese, pero no les costó mucho, ya que fueron los propios alemanes los que se apresuraron a destruir las estatuas, los bustos, las placas y relieves dedicados a Adolf Hitler, alguien, por lo demás, que tenía una fijación enfermiza con su propia imagen. En Italia hicieron lo mismo con la infinidad de monumentos que los fascistas se habían dedicado a sí mismos. En España, el franquismo llenó el país de monumentos y estatuas destinadas a glorificar al nuevo régimen. Solo Franco llegó a tener nueve estatuas ecuestres y en todas las ciudades había una calle dedicada al Generalísimo, título que adoptó Franco durante la guerra, y a José Antonio Primo de Rivera, el líder de Falange que fue fusilado por los republicanos poco después de estallar la guerra. Tras la muerte de Franco en 1975 el régimen fue desmantelado por sus propios dirigentes, lo que permitió una transición más o menos pacífica a la democracia. La simbología franquista, ubicua aún a finales de los años setenta, empezó entonces a retirarse de forma paulatina, un proceso que culminó ya en el siglo XXI con una ley de memoria histórica.

Cabría pensar que, en tanto que Stalin, Hitler, Franco o Mussolini desempeñaron un papel importante en sus respectivos países, se deberían mantener sus estatuas, aunque solo sea para tener presente que una vez gobernaron. Aquí tendríamos que considerar el factor tiempo, que es más importante de lo que pensamos. Al igual que existe el llamado kilómetro sentimental, es decir, que nos preocupa mucho más lo que sucede cerca que lo que acontece a miles de kilómetros, existe también una diferente percepción de los hechos en función del tiempo que haya transcurrido. Una guerra de hace mil años la consideramos de manera muy distinta a una de hace diez. La primera la vemos de forma desapasionada e incluso romántica, la segunda nos interpela de forma directa, seguramente porque hemos presenciado sus horrores por televisión.

Volvamos con Octavio Augusto. Este emperador tiene una estatua en el centro de la ciudad de Gijón en un lugar muy visible y transitado, la plaza del Campo Valdés, junto a las antiguas termas romanas. Es una réplica del Augusto de Prima Porta de los Museos Vaticanos que encargó el Ayuntamiento de Gijón en 1970 para conmemorar el pasado romano de la ciudad. Octavio Augusto fue quien capitaneó personalmente la conquista del norte de la antigua Hispania en una serie de guerras, las llamadas guerras cántabras, extraordinariamente sangrientas y brutales. La población de aquel rincón de la península quedó diezmada y muchos de los que cayeron derrotados fueron vendidos luego como esclavos. Pero, a pesar de que esas atrocidades las tenemos perfectamente documentadas, dos mil años después dedicaron una estatua al invasor, algo que a ningún asturiano le parece mal.

En 1808 los ejércitos napoleónicos invadieron España valiéndose de una artimaña, los españoles se resistieron a la invasión como aquellos cántabros del siglo I a. C. y, tras cinco años de guerra, consiguieron expulsar a los franceses con la inestimable ayuda de Arthur Wellesley, más conocido como duque de Wellington. Sobre esa guerra, conocida en España como guerra de la Independencia, se construiría a lo largo del siglo XIX el Estado nación en España. A nadie en su sano juicio se le ocurriría dedicar una estatua a Napoleón, a Murat o a Soult. Ni siquiera se recuerda al monarca a quien Napoleón hizo rey de España, José I, que era su hermano y que ocupó el trono durante los años de la invasión. La guerra de la Independencia, en suma, nos cae demasiado cerca, las guerras cántabras demasiado lejos. Algo similar ocurre con los dictadores. Fernando el Católico fue, según los estándares actuales, un autócrata, pero lo tenemos a más de quinientos años vista y hasta los errores que cometió se los perdonamos compensándoselos con los aciertos. A Franco lo tenemos demasiado cerca y su régimen ni siquiera tuvo continuidad. En cierto modo se ha practicado con él la *damnatio memoriae*, una práctica de la Roma antigua que consistía en borrar el nombre y la imagen de un gobernante como castigo y deshonra póstuma. Fueron varios los emperadores que la sufrieron, casi todos bien conocidos, como Nerón, Domiciano, Cómodo o Heliogábalo, y quizá precisamente por eso aún los tenemos presentes. En todos los casos se les condenó tras su muerte, nunca cien o doscientos años después, porque el kilómetro sentimental en cuestiones de tiempo ha existido siempre.

HISTORIA AL GUSTO DEL CONSUMIDOR

Hay en esto otro elemento a tener en cuenta que ayuda a entender por qué la historia es tan atractiva para el político y sus activistas. La historia en cierto modo se fabrica al gusto del consumidor. Escogemos lo que nos interesa y descartamos lo que nos molesta o lo que no se ajusta al modo en el que nos autopercibimos. Esto lo hacemos también a escala individual. De todos nuestros antepasados conocidos tenemos preferencia por algunos mientras ignoramos a todos los demás. Si alguien es bisnieto de un militar laureado por parte de madre y de un humilde labrador por parte de padre, lo más probable es que se enorgullezca del bisabuelo materno y lo saque a colación en público siempre que pueda, mientras el otro bisabuelo se pudre en el olvido. Lo mismo sucede con la historia colectiva. Las historias nacionales, tan en boga desde el siglo XIX, elaboraron unas cronologías y un relato cuyo objetivo era recrear un viaje que llevaba desde los orígenes, por lo general legendarios, hasta el momento en el que fueron escritas. Parecía que todo estaba pensado, que los sucesos se habían ido alineando uno tras otro en orden para llegar al inevitable destino final. Resumiéndolo mucho, la historia la construimos, decidimos cuál es nuestra historia y desechamos todo lo demás.

Vayamos con un ejemplo doble. Los otomanos tomaron Constantinopla el 29 de mayo de 1453. Mehmed II, después de un asedio de 53 días, rindió la ciudad y la convirtió en su capital. Él y sus sucesores gobernaron desde allí un vasto imperio que abarcaba tres continentes durante los siguientes cuatro siglos. La ciudad se transformó profundamente, se levantaron mezquitas y se construyó un nuevo palacio real, el de Topkapi. Santa Sofía permaneció en pie, pero fue convertida en mezquita y su estilo arquitectónico se utilizaría hasta el momento presente como modelo de las mezquitas otomanas. El Estado heredero de aquel imperio es la República de Turquía, surgida tras la derrota otomana en la Primera Guerra Mundial. Los turcos sienten gran orgullo por el pasado otomano y, como es natural, por la conquista de Constantinopla. Todos los años, el 29 de mayo, se celebran en el actual Estambul actos conmemorativos que incluyen recreaciones históricas, espectáculos, castillos de fuegos artificiales y, en los últimos años, hasta exhibiciones de drones que narran la historia de la conquista. Para los turcos de nuestros días su historia es la del Imperio otomano, no la de Bizancio a pesar de que su amado Estambul había sido antes capital de otro imperio. Pero no era «su» imperio, no consideran que forme parte de su historia más allá de la arqueología. Tampoco se sienten emocionalmente vinculados a las ruinas de las ciudades jónicas como Éfeso, Pérgamo o Mileto. Las mantienen, eso sí, en muy buen estado para su estudio y para que millones de turistas las visiten cada año, pero no es su historia, sino la historia de otros que hace mucho tiempo ocuparon el mismo espacio.

En el otro extremo del Mediterráneo los españoles tenemos una percepción similar con al-Ándalus. Todos los años el 2 de enero se conmemora el día de la toma de Granada. Ese día en 1492 Boabdil, el último emir nazarí de la ciudad, entregó las llaves de la ciudad a los Reyes Católicos. Las tropas castellanas tomaron posesión de la Alhambra, se alzó la santa cruz y el pendón real en la torre de la Vela y Boabdil partió hacia el exilio. La toma de Granada supuso el fin de la Reconquista, un proceso histórico que había comenzado en el siglo VIII, apenas unos años después de la derrota del reino visigodo. A diferencia de Constantinopla, Granada no se convirtió en la capital del incipiente reino de España porque carecía de tal cosa, la corte de los Reyes Católicos era itinerante y lo seguiría siendo con sus descendientes hasta que en 1561 su bisnieto Felipe II la fijó en Madrid, una villa de modesto tamaño en el corazón de Castilla. Isabel y Fernando decidieron, eso sí, que a su muerte les enterrasen allí en una capilla real que mandaron construir junto a lo que posteriormente sería la catedral. Lo que había sido la Granada nazarí desapareció prácticamente por completo. Como le sucedió a Constantinopla tras la conquista otomana, los reyes cristianos transformaron profundamente la ciudad. En el mismo solar donde se alzaba la mezquita aljama se levantó en tiempos de Carlos V una catedral dedicada a la Encarnación. Se construyeron iglesias, monasterios, la Real Chancillería, se fundó la universidad, y, aunque la mayor parte de la Alhambra se mantuvo en pie, el emperador ordenó que se edificase un espléndido palacio de estilo italiano junto al patio de Comares. Pero no se convirtió en el centro de la monarquía durante mucho tiempo porque las prioridades e intereses de la Corona discurrieron por otros derroteros. El mismo año de la toma de Granada la expedición de Colón llegó a América y fue allí donde la monarquía española forjó un imperio ultramarino de dimensiones nunca vistas hasta ese momento. La ciudad de Granada, entretanto, fue repoblada con gentes llegadas de otras partes de Castilla que, desde el principio, conmemoraron el día de la toma de la ciudad que incluye una ofrenda floral en la capilla real, una procesión y la tremolación del pendón.

La Constantinopla bizantina y la Granada nazarí desaparecieron casi a la vez, su recuerdo también lo hizo por deseo expreso de sus habitantes, que quisieron empezar de cero. Hoy tanto la una como la otra son objeto de estudio de los historiadores y un caramelo para los arqueólogos, pero ni la mayor parte de los granadinos se sienten personalmente vinculados con la Granada musulmana, ni la mayor parte de los estambulitas se identifican con la Constantinopla cristiana. ¿Se les puede culpar por ello? No, en absoluto, simplemente han hecho lo mismo que todas las comunidades humanas a lo largo de la historia: seleccionar los hitos que, a su juicio, conforman su propia historia para luego conmemorarlos en consecuencia.

El pasado es ese lugar extraño que, para hacerlo algo más reconocible, lo ponemos a nuestro gusto. No es ni malo ni bueno, es lo que es, siempre y cuando ese pasado no se trate de emplear políticamente para exaltar las identidades y ponerlas en pie de guerra contra otros. Los turcos no se sienten herederos de los bizantinos, pero les profesan un gran respeto. Los españoles tampoco nos sentimos herederos de al-Ándalus, pero ensalzamos su cultura, sus prodigios arquitectónicos como la Alhambra o la mezquita de Córdoba y la genialidad de sus poetas, filósofos y matemáticos. Sabemos que al-Ándalus forma parte de la historia de nuestra tierra, pero, salvo una minoría ruidosa y ferozmente identitaria, no nos sentimos emocionalmente vinculados con esa realidad histórica, ya que somos descendientes directos de quienes la liquidaron.

CAPÍTULO 4

IDENTIDADES ASESINAS

En 1998, el escritor franco-libanés Amin Maalouf publicó un libro titulado *Identidades asesinas*, una obra corta de apenas 200 páginas en las que el autor explora con maestría el concepto de identidad. El libro se publicó en francés, pero ha sido traducido a varios idiomas y sigue siendo un superventas. Maalouf, nacido en Beirut en el seno de una familia cristiana melquita, pero que vive en Francia desde hace medio siglo, analiza la cuestión de la identidad, un asunto que ha hecho correr ríos de tinta desde hace décadas. La identidad no es una cuestión baladí, es ese conjunto un tanto impreciso de valores, creencias y experiencias que nos definen como personas. Empezamos a construir nuestra identidad en la infancia y a lo largo de nuestra vida la vamos apuntalando con nuevos añadidos, en función de los avatares que nos reserve el destino. La identidad, por lo tanto, no es fija, es dinámica y cada persona tiene una distinta, porque los elementos que la componen y su proporción es diferente en cada individuo.

Maalouf defiende la idea, acertada a mi juicio, de que no tenemos una identidad única, sino varias que conviven en nuestro interior y que van modulándose conforme vamos viviendo. Ninguna identidad es incompatible con otra a no ser, claro está, que a título individual nosotros nos empeñemos en que así sea. El autor sabe bien a lo que se refiere, porque las identidades que habitan en él son múltiples y muy distantes entre sí. La familia en la que nació era libanesa, pero su padre tenía raíces en Egipto y su madre en Turquía. Tenía también un bisabuelo católico que se convirtió al protestantismo presbiteriano. Su lengua madre es el árabe, pero aprendió francés muy pronto y, por parte de padre, tiene varios antepasados anglófonos. Él mismo decidió emigrar del Líbano en 1976, poco después de que estallase la guerra civil, para establecerse en París, donde se empleó como periodista y luego triunfaría como escritor gracias a novelas de gran éxito, como *León el Africano*, y ensayos, como *Las cruzadas vistas por los árabes*. Sobre su propia experiencia Maalouf denunciaba en *Identidades asesinas* los peligros de lo que denomina reduccionismo, es decir, la simplificación de la identidad confinándola a una sola categoría, generalmente impuesta desde arriba e imposible de armonizar con otras.

Las tiranías identitarias

Cabalgando sobre las identidades, cualquier gobernante puede hacer diabluras y someter a toda la población con una coartada perfecta. Una vez ha establecido cuál es la identidad correcta y única, todas las demás se convierten en enemigas, se fabrica al otro y se le declara la guerra, algo que al principio es simple retórica, pero que en ocasiones deviene en guerras y genocidios de verdad. En Europa deberíamos saberlo bien, porque padecimos una epidemia de identitarismo en los años veinte y treinta del siglo pasado. Tras la Primera Guerra Mundial, el parlamentarismo liberal del siglo XIX entró en crisis y en muchas partes del continente se implantaron dictaduras tan implacables como identitarias. En lo que había sido el Imperio ruso los bolcheviques, liderados por un intelectual llamado Vladimir Lenin, dieron un golpe de Estado en octubre de 1917 e instauraron un régimen de partido único tras salir vencedores de una cruenta guerra civil. Fijaron una identidad predominante, la del proletario, a pesar de que proletarios propiamente dichos en la Rusia zarista, un país relativamente atrasado con respecto a la Europa occidental, había muy pocos. El mismo año en el que concluyó la guerra civil rusa, en Italia, una de las potencias vencedoras de la Primera Guerra Mundial, se impuso un régimen dictatorial de la mano de un movimiento un tanto extraño conformado por veteranos de guerra. Ese movimiento, los llamados «fasci di combattimento», cristalizó más tarde en el Partido Nacional Fascista, acaudillado por Benito Mussolini. Mussolini era un periodista de izquierdas muy conocido en la Italia de la época, no en vano fue editor del diario *Avanti!*, periódico oficial del Partido Socialista Italiano, hasta su expulsión, coincidiendo con el estallido de la contienda mundial. Los socialistas italianos se oponían a que el país entrase en el conflicto, mientras que Mussolini defendía lo contrario. Para los socialistas italianos de aquel entonces la identidad proletaria estaba muy por encima de la nacional, algo que no terminaba de convencer a Mussolini. Se alistó en el ejército y fue enviado al frente alpino como soldado de primera línea. Allí desarrolló sus ideas sobre un nuevo Estado que se construiría sobre la identidad nacional italiana. Eso implicaba eliminar todas las demás, acabar con el parlamentarismo que, según pensaba, había debilitado a Italia, y recuperar la gloria del Imperio romano para proyectarla sobre el futuro.

Radicales como Mussolini o Lenin formaban parte del paisanaje en la Europa de aquella época. La guerra mundial lo había trastocado todo y el continente entero, que hasta 1914 miraba el futuro con un optimismo más que justificado, entró en crisis. Esos momentos de desesperanza en los que todo se tambalea son ideales para este tipo de aventureros políticos. El arma que emplearon ambos fue la identidad.

Para los bolcheviques el liberalismo de preguerra era cosmopolita y, por lo tanto, detestable. Frente a él, Lenin y sus sucesores propugnaban la identidad del proletariado como la clase revolucionaria destinada a liderar la construcción del socialismo. Todas las demás clases debían desaparecer. Aquellos que no encajaban en el molde, como los pequeños comerciantes, los burgueses y, por supuesto, la aristocracia fueron purgados sin miramientos. La apoteosis del proletariado implicaba la creación de un hombre nuevo, el *homo sovieticus*, que encarnaba valores para ellos sagrados como el colectivismo, la lealtad sin fisuras al Estado, el ateísmo y un compromiso férreo con la ideología oficial. Esta identidad se fomentaba a través de la propaganda y el arte, pero donde más voluntad le pusieron fue en la educación. Se concentraron en los niños y jóvenes, ya que entendían que los adultos estaban maleados por el mundo burgués y tenían difícil arreglo. A ellos habría que convertirlos a la fuerza y, si eso era imposible, vigilarlos de cerca. El miedo ha sido siempre una poderosa herramienta de control social. Las repúblicas populares del bloque del este nunca nadaron en la abundancia de bienes materiales, pero en cuestión de miedo eran la primera potencia mundial. Todos temían que el vecino, el familiar o el compañero de trabajo les delatase si criticaban al Gobierno. La policía política era omnipresente. En la República Democrática Alemana, la Stasi, abreviatura de Ministerio para la Seguridad del Estado, empleaba en 1989, poco antes de la caída del muro de Berlín, a 91 000 personas a las que había que sumar 175 000 informantes. En la Rumanía de Nicolae Ceaușescu era todavía peor. La Securitate, nombre por el que se conocía al Departamento de Seguridad del Estado, llegó a tener más de medio millón de informantes. Aproximadamente uno de cada treinta ciudadanos rumanos vigilaba a los demás.

Para poder implantar esa identidad proletaria materializada en el *homo sovieticus* había que suprimir de raíz otras identidades como la religión o la nacionalidad. El nuevo hombre no tenía más patria que la revolución ni más dios que el partido. En ambos casos fracasaron, pero mientras la máquina de terror funcionó a pleno rendimiento, creyeron que podrían salirse con la suya. A partir de la década de 1930, ya con Stalin al frente, se sacaron de la manga el patriotismo soviético, que no era más que una combinación de la identidad proletaria con un desmedido orgullo por la existencia misma de la URSS. Ese nuevo patriotismo, que tenía en Rusia su epicentro, era incompatible con cualquier otra afinidad nacional. En los primeros años, Lenin, con idea de atraerse a su causa a los pueblos periféricos del imperio de los zares, como los ucranianos, los caucásicos o los del centro de Asia, había consentido cierta diversidad étnica, pero eso duró poco tiempo. Marcadores identitarios como la lengua y la religión fueron o perseguidos o menospreciados.

La campaña antirreligiosa de los primeros años fue atroz. El socialismo era, en buena medida, una religión de sustitución y el nuevo Estado no quería competencia. La base ideológica la tomaban de Karl Marx, que había descrito a la religión como el «opio del pueblo», una herramienta de control que las clases dominantes empleaban para oprimir a los proletarios valiéndose de la superstición. Se cerraron y demolieron iglesias, mezquitas y sinagogas. Se lanzaron campañas muy intensas de propaganda contra la religión en las que se ridiculizaban los símbolos sagrados. Los miembros del clero pasaron a ser enemigos del pueblo, muchos de ellos fueron arrestados, encarcelados, enviados a los campos de Siberia o directamente ejecutados, especialmente durante las purgas de los años treinta.

El soviético solo podía tener una identidad, todos habrían de ser iguales, compartir creencias y eliminar por completo su individualidad. Tampoco podían tener contacto con extranjeros so pena de ser acusados de cosmopolitismo. Que a alguien le tachasen de cosmopolita en la Unión Soviética de Stalin equivalía a problemas serios con la policía política. A los cosmopolitas no solo se les señalaba por no ser lo suficientemente leales al Estado, se les criticaba también por estar influenciados por Occidente y promover ideas y valores que se consideraban ajenos y hostiles a la patria soviética. El término *cosmopolita* solía acompañarse del complemento «sin raíces». De hecho, en la posguerra se desató una campaña contra los cosmopolitas sin raíces (*bezrodny kosmopolit*) que se cebó con los judíos cultos, a quienes la propaganda acusaba de idolatrar a Occidente y conspirar contra la Unión Soviética. El resultado de la campaña fue que muchos judíos soviéticos fueron despedidos de sus trabajos, y cualquiera que hablara yidis era sospechoso. Pasados los años de hierro del estalinismo se permitió un mayor contacto con el mundo exterior, pero siempre controlado y bajo estricta vigilancia del Estado. En la fase final del régimen, el cosmopolitismo se toleraba en ciertos círculos intelectuales y artísticos, pero se asociaba con la disidencia. La emigración de estos disidentes a Occidente en cuanto tenían la oportunidad de hacerlo reforzó la percepción de que el cosmopolitismo era una forma de traición a la única identidad permitida.

En la Italia fascista, la Alemania nazi o los subproductos de la misma especie que menudearon por Europa en el periodo de entreguerras y durante la Segunda Guerra Mundial, la identidad era también el pilar sobre el que se sostenía el Estado. El primero de ellos fue, como veíamos más arriba, el fascismo italiano, que serviría de modelo para todos los demás. El fascismo promovía un nacionalismo radical que identificaba la nación, el pueblo y el Estado con el partido (único, naturalmente) y con su líder, a quien otorgaron el título de *duce*, es decir, conductor. Nótese lo que subyace en el término: si el país necesitaba un conductor era porque nadie podía conducirse en la vida por su cuenta. La voluntad del *duce* era la del pueblo, no se podía equivocar porque era la encarnación misma de la nación. Para semejante aberración que eliminaba de raíz cualquier inclinación individual y cortaba a todos los ciudadanos por el mismo patrón, acuñaron un concepto, el de la italianidad, que no era otra cosa que una identidad homogénea fundamentada sobre la lengua italiana, la historia del país convenientemente expurgada de episodios incómodos y un sistema de valores genuinamente fascista. Esto se tradujo inmediatamente en la glorificación de la antigua Roma. Italia, a diferencia de Francia, el Reino Unido o España, se había unificado políticamente de forma tardía. Desde la Alta Edad Media la península había estado dividida en una pléyade de principados a menudo controlados por monarquías foráneas. Había poca italianidad de la que enorgullecerse durante siglos, por eso tuvieron que irse tan lejos como a los tiempos de Octavio Augusto, que el régimen identificó como la edad dorada de lo itálico. La lengua italiana era otro brindis al sol. Cuando Mussolini llegó al poder no más del 20 % de los italianos utilizaban el italiano estándar en su vida diaria, el 80 % restante seguía hablando su dialecto regional. Los valores fascistas eran, en realidad, los valores de un partido político que no toleraba la competencia y que se nutría de un batiburrillo de principios tradicionales y militarismo combinados con ideas de tipo socialista para la economía. El italiano tenía que comulgar con el paquete completo. Podía permanecer al margen, pero sin abrir la boca, o marcharse.

Ese modelo fascista fue el que encandiló a los nacionalsocialistas alemanes de la época, que enriquecieron el desvarío con elementos raciales. Para pertenecer a la comunidad nacional alemana era necesario pertenecer a una raza concreta, la que los ideólogos del régimen denominaron raza aria, siguiendo la delirante clasificación que Arthur de Gobineau, un filósofo francés del siglo XIX, había elaborado en un ensayo que gozó de cierta popularidad en la Europa decimonónica. Ahí diferían con la Italia fascista, donde se llevó a cabo una política de italianización forzosa de minorías étnicas como los germanohablantes del Tirol del Sur. Italiano era todo aquel que hablaba italiano y comulgaba con la ideología fascista. En la Alemania de Hitler eso no era posible, no bastaba con hablar alemán, ni siquiera con parecer alemán. Tampoco era suficiente creer a puño cerrado en lo que decía el partido. Los nazis creían en la existencia de razas humanas biológicamente distintas y jerárquicamente organizadas. Estaban convencidos de que había una raza superior que identificaban con los pueblos germánicos, una raza pura y predestinada a dominar el mundo y a otras razas inferiores. No se trataba de un prejuicio individual, sino de toda una política de Estado que se aplicó mediante una serie de leyes raciales como las de Númremberg, y propaganda sistemática e incansable que decía basarse en presuntas investigaciones científicas.

El resultado final fue que la identidad en la Alemania nazi reposaba esencialmente sobre la raza aria. Solo podía ser alemán quien acreditase pertenecer a esa raza. Crearon un certificado, el *ahnenpaß* o pasaporte de los ancestros, cuya razón de ser era demostrar que el portador no tenía antepasados de razas no arias. Se implantó muy pronto, en abril de 1933, solo tres meses después del ascenso de Adolf Hitler al poder, para los empleados públicos y se convirtió en un documento de gran importancia tras la promulgación de las leyes de Núremberg en 1935, que retiraban la nacionalidad alemana a los judíos y prohibían los matrimonios interraciales. Obtener el *ahnenpaß* no era tarea sencilla, había que demostrar ante notario, mediante certificados de bautismo, que todos los antepasados desde el año 1800 eran alemanes. Para ciertos empleos públicos era imprescindible, también para solicitar el acceso a la universidad y, por descontado, para afiliarse al partido nazi. El identitarismo del Tercer Reich era especialmente retorcido, porque con la identidad se nacía y no había modo de adquirirla por mérito. En Italia o en la Unión Soviética, con esfuerzo y dedicación, se podía adoptar la identidad única oficial, en la Alemania nazi eso no era posible.

El identitarismo nazi-fascista tuvo un gran predicamento en la Europa de entreguerras. Entre los años veinte y cuarenta surgieron varios regímenes de inspiración fascista en distintos puntos del continente, cada uno de ellos con sus peculiaridades, pero unidos por un nacionalismo militante que restringía al mínimo las identidades. En España y Portugal se impusieron las dictaduras de Francisco Franco y António de Oliveira Salazar. Tras vencer en la guerra civil, Franco instauró un régimen personalista con Falange Española, un partido de corte fascista, como base ideológica inicial, aunque luego derivó en conservadurismo autoritario cuando las potencias del Eje fueron derrotadas. Oliveira Salazar fue el padre del Estado Novo, un régimen muy similar al franquismo. En ambos casos el nacionalismo se hibridó con un acendrado catolicismo. No es casual que el propio franquismo se definiese a sí mismo como un Estado nacionalcatólico. La identidad en este caso era dual y descansaba sobre la nación española o portuguesa y el catolicismo. Más allá de eso no había más. Cualquier otra identidad que desafiase esas dos era una amenaza y como tal se perseguía. El franquismo y el Estado Novo fueron extraordinariamente longevos, porque ninguno de los dos se enredó en la Segunda Guerra Mundial y eso, sumado a la condición periférica de la península ibérica, permitió a Franco y a Oliveira Salazar permanecer en el poder hasta su muerte. En otros lugares de Europa, la experiencia duró mucho menos tiempo. En Hungría, Miklós Horthy retuvo el poder unos pocos años durante la guerra; lo mismo sucedió en la Rumanía de Ion Antonescu, en la Croacia de Ante Pavelić y en la Eslovaquia de Jozef Tiso. En estos países de Europa del este sustituyeron un identitarismo por otro, ya que el ejército rojo los ocupó y alentó la creación de repúblicas populares a imagen y semejanza de la Unión Soviética.

Los experimentos identitarios de aquel infausto periodo de la historia de Europa acarrearon trágicas consecuencias. O provocaron guerras o fueron consecuencia de ellas. Los regímenes identitarios no pueden existir sin guerra. La identidad es algo demasiado complejo como para simplificarlo e imponerlo por decreto, por eso cuando se trata de hacer sobrevienen los problemas, las sociedades se fracturan y el poder solo puede salir bien librado mediante imposición violenta y, llegado el caso, simple terror. En todos los casos que acabamos de ver, la Rusia soviética, la Alemania nazi y la Italia fascista, se siguió el mismo esquema. Se estableció la identidad oficial, se legisló en esa dirección, se persiguió a los disidentes y, al menos en los casos alemán y ruso, se produjeron sendos genocidios. El de los nazis contra los judíos es bien conocido. En el curso de la guerra adoptaron la llamada solución final, un eufemismo con el que se referían a la aniquilación física de todos los judíos que estaban en los territorios ocupados por su ejército. Al terminar la guerra habían asesinado a unos seis millones de personas mediante unidades concebidas para ir acabando con ellos en el frente del este y, a partir de 1942, de forma industrial en una serie de campos de concentración y exterminio repartidos por media Europa. El genocidio perpetrado por las autoridades soviéticas ha pasado algo más desapercibido, a pesar de que está sobradamente documentado el *holodomor* ucraniano, una hambruna orquestada por Stalin entre 1932 y 1933 que costó la vida a no menos de cinco millones de personas. El *holodomor* se inscribió dentro de lo que se dio en llamar Deskulakización, una campaña destinada a borrar de la faz de la Tierra a los *kulaks* o campesinos que poseían parcelas de tierra y cabezas de ganado. Expropiaron las granjas, confiscaron las cosechas y deportaron a millones de personas a regiones remotas como Siberia o Kazajistán en condiciones inhumanas. Tanto la solución final como la Deskulakización perseguían acabar con identidades no permitidas. En la Alemania nazi no se podía ser judío, en la URSS no se podía poseer propiedad privada por pequeña que fuese, en la Italia fascista renegar de la italianidad implicaba un coste personal muy elevado.

LAS NUEVAS IDENTIDADES

Debimos haber aprendido de esas tragedias identitarias del siglo pasado, pero los seres humanos somos contumaces, caemos en los mismos errores una y otra vez pensando que, esta vez sí, saldrán bien las ensoñaciones de intelectuales sin adherencia alguna a la realidad. Tras la caída del muro de Berlín, implosionó la URSS y el conjunto de repúblicas populares que apadrinaba. Como consecuencia, las ideas socialistas que animaron aquel experimento entraron en crisis. El identitarismo que abocó al mundo a la Segunda Guerra Mundial y que mantuvo a un tercio de la humanidad subyugado por el socialismo real parecía cosa del pasado. Pero las malas ideas tienen por costumbre reaparecer una y otra vez, especialmente cuando se descuida la vigilancia. A principios de este siglo, los enemigos del progreso ya se habían reorganizado, al principio de forma inapreciable, refugiados en sus cátedras académicas, pero influyendo de forma decisiva en partidos políticos, organizaciones no gubernamentales y grupos de presión. Apostaron por revivir la política de las identidades. Esta vez no incidieron en la clase, sino en otras categorías como el sexo biológico, la orientación sexual, la ascendencia o la raza, sí, la raza, aunque partiendo de un punto diferente del que lo hicieron los nazis en los años treinta del siglo XX. Practicaron así una serie de fracturas sociales en cuyo centro estaba la idea de la opresión. La música sonaba familiar para los viejos marxistas, que veían el mundo partido en dos mitades irreconciliables, cada una con su propia lógica: los burgueses por un lado y los proletarios por el otro. La dialéctica marxista era inquebrantable. Los burgueses oprimían a los proletarios adueñándose de la plusvalía de su trabajo, algo injusto, pero socialmente aceptado, por lo que solo una revolución violenta encabezada por la vanguardia podía acabar con ese orden de cosas. Una vez eliminado el burgués, reinaría la armonía y se pondría fin a la historia. Las revoluciones llegaron, pero lo único que consiguieron fue traer hambre, miseria, guerra y someter a países enteros a los caprichos de la camarilla dirigente, compuesta por fanáticos y sociópatas que multiplicaron la opresión en todas sus formas. Esa es la lección que no se aprendió. ¿Por qué no se hizo? Porque a ciertas doctrinas políticas se las juzga más por las intenciones declaradas que por los resultados prácticos. Basta con que algo suene bien para que se le adjudique un valor positivo. Arguyen que si en el pasado no salió bien es porque no se supo hacer, no porque la idea en sí sea descabellada. Estas nuevas identidades, cuya génesis habría que ir a buscarla a ciertos departamentos universitarios controlados por académicos de izquierda, por lo general de filosofía y antropología, durante los años de la guerra fría, son las que se terminaron apoderando del discurso público a lo largo de la década pasada y permanecen en él, generando confusión, división política y pesimismo a raudales.

El planteamiento de partida es el mismo que hace cien años. Solo es posible una identidad que se apodera de la persona entera y la define. Lo que ha ganado es una notable complejidad en la interrelación de esas identidades. El marxismo clásico contemplaba solo dos perfectamente estancas, que se oponían mutuamente. En la política de identidades actual hay muchas más, pero en todos los casos la dualidad entre identidades opresoras e identidades oprimidas se mantiene. En el caso del sexo, por ejemplo, la identidad masculina es opresora siempre mientras que la femenina es oprimida. Hasta aquí todo parece muy asimilable al marxismo cambiando las categorías de burgués y proletario por las de hombre y mujer. Pero no es tan sencillo. Si el hombre es negro, deja de ser opresor y pasa a estar ligeramente oprimido a causa del racismo. Si además de negro es homosexual, la escala de la opresión se incrementa por culpa de la homofobia. Si, aparte de negro y homosexual, proviene de una tribu africana, estaríamos ante alguien realmente oprimido, víctima del colonialismo y el supremacismo cultural. Si a todo lo anterior le sumamos que es discapacitado, su opresión sería prácticamente absoluta, ya que el así llamado capacitismo se cebaría con él a todas las horas del día. Pero ¿quién le estaría oprimiendo? Según los teóricos de este absurdo los opresores serían todos los hombres blancos, heterosexuales, occidentales y sin discapacidades. Podemos hacer el mismo ejercicio con una mujer. Las mujeres son, en principio, víctimas oprimidas, pero si además su raza es distinta a la blanca, son lesbianas y provienen de algún país del tercer mundo esa opresión deviene insoportable. Una mujer blanca y heterosexual oprime a las negras y a las homosexuales, pero es víctima de los hombres heterosexuales de su misma raza. A las relaciones entre esta gama infinita de opresiones entrecruzadas las denominan interseccionalidad. Todos cabemos dentro de un conjunto de identidades prefijado. Si predominan las identidades opresoras —hombres, blancos, heterosexuales, occidentales, etc.— se encuentran en una posición de privilegio imperdonable que habrá de purgar suplicando el perdón a sus víctimas. Si predominan las identidades oprimidas —mujeres, cualquier otra raza diferente a la blanca, homosexuales, indígenas, etc.— sucede justo lo contrario y es necesario legislar para acabar con la opresión y equilibrar la balanza.

De este renacer identitario sorprende la recuperación de la raza como categoría. Como decía más arriba, parten de un punto diferente en este particular. Los nacionalsocialistas alemanes fundamentaban su ideología en doctrinas pseudocientíficas que habían estado muy en boga en la Europa del siglo XIX. Estas doctrinas predicaban que las razas humanas se organizaban de forma jerárquica. Las había mejores y peores. En la cúspide racial se encontraba la raza aria que veíamos antes, la raza de los amos originaria del centro y el norte de Europa que tenía el derecho a expandirse y someter a todas las demás. Ya sabemos cómo terminó aquel disparate que durante años embelesó a millones de alemanes y a otros europeos. Ahora es diferente. Parten de nuevo de la constatación de que existen razas y, aunque todas son iguales, una de ellas, la raza blanca o caucásica, discrimina a todas las demás y, por lo tanto, es sospechosa y debe ser sometida a una estricta vigilancia cuando no a una culpabilización sistemática. El nazismo y los racistas europeos de hace un siglo se erigían en los victimarios, los identitarios de nuestro tiempo se identifican con las presuntas víctimas.

El hecho es que las razas no existen. Desde el punto de vista científico el concepto de raza humana no tiene una base sólida. Los humanos compartimos el 99,9 % de nuestro ADN, y la variación genética entre individuos de diferentes poblaciones es mínima (aproximadamente el 0,1 %). Estas diferencias se deben principalmente a una serie de adaptaciones ambientales a lo largo de miles de años. Esas diferencias son rasgos físicos, como el color de la piel producido por la cantidad de melanina, una forma en la que nuestra piel se adapta generación tras generación a la intensidad de la radiación solar. Las poblaciones de las áreas tropicales desarrollaron una piel más oscura para protegerse de los rayos ultravioleta, mientras que, en regiones con menos luz solar, como el continente europeo, la piel más clara facilita la absorción de la vitamina D. Hay otros rasgos como la forma y el color de los ojos, la textura del cabello, la estatura o la corpulencia, pero son variaciones muy superficiales y no indican grandes diferencias genéticas. Pero, aun dando por bueno que esos rasgos mínimos constituyan razas diferentes, el hecho innegable es que los seres humanos nos mezclamos desde el origen de los tiempos. Las migraciones, las conquistas y el comercio han mezclado poblaciones durante milenios, lo que hace imposible trazar líneas raciales puras. Todos, en mayor o menor medida, somos mestizos. Decir, por ejemplo, que un alemán de diez generaciones es blanco es también ignorar que por allí ha pasado todo tipo de gente a lo largo de los últimos miles de años. El mestizaje es, además, algo especialmente recomendable, ya que amplía la diversidad genética, una práctica sin duda beneficiosa para la salud colectiva al reducir los riesgos de enfermedades hereditarias. Pero si eliminamos esos rasgos que muchos asocian a la raza como categoría, se quedan sin buena parte de los oprimidos, que es el combustible del que se alimenta toda esta extraviada teoría.

Es indiscutible que en el pasado existió el racismo y que aún hoy —a escala mucho menor, eso sí— sigue existiendo. Siempre hubo individuos que prestaron demasiada atención a esos rasgos distintivos y sobre ellos elaboraron doctrinas pretendidamente científicas. Pero pocas opiniones están más estigmatizadas socialmente que las de tipo racista, tanto que los que lo son lo niegan con vehemencia. Lo mismo es aplicable al machismo, es decir, a la creencia absurda de que los hombres son mejores que las mujeres. En Occidente, el machismo ha decaído hasta prácticamente desaparecer. Hay individuos que son machistas, pero no lo son nuestras sociedades. También existió la esclavitud, pero en todas las direcciones. Los europeos, durante la época de su expansión ultramarina, esclavizaron a los africanos, pero los propios africanos ya se esclavizaban entre ellos y aún hoy en ciertos lugares siguen haciéndolo. Los otomanos, en el pasado, esclavizaban a los europeos del este. La Constantinopla otomana era un gran mercado de esclavos llegados desde las actuales Rusia y Ucrania. No en vano, el término *esclavo* proviene del latín *sclavus*, en referencia a los eslavos, un pueblo que empezó a migrar desde las estepas de Eurasia en torno al siglo V y se fue asentando en el este del continente. El latino *sclavus* deriva de la raíz indoeuropea *sklabh*, relacionada con capturar o someter. En español, la palabra evolucionó a esclavo desde el latín tardío. En otras lenguas, tanto romances como germánicas, se dice de forma muy parecida: en francés, *esclave*; en italiano, *schiavo*; en portugués, *escravo*; en inglés, *slave*; en sueco, *slav*; y en alemán, *sklave*. Esos esclavos no eran africanos, sino europeos del este capturados y reducidos a condición servil. Los propios europeos occidentales también fueron esclavizados. En la Antigüedad, los vencedores no hacían distinciones, el derrotado tenía muchas posibilidades de convertirse en esclavo y ser vendido como tal. En épocas más recientes también hubo esclavos europeos. El caso de Miguel de Cervantes es bien conocido y no fue ni mucho menos el único. El barco en el que navegaba de regreso de Italia en 1575 fue capturado por corsarios berberiscos del norte de África. Fue llevado a Argel y permaneció allí cautivo en condición de esclavo durante cinco años hasta que fue liberado por los frailes trinitarios, previo pago de una elevada suma de dinero que, en parte, tuvo que reunir su propia familia. La mala suerte de Cervantes la compartieron miles de españoles, italianos y franceses durante siglos. Los seres humanos se estuvieron esclavizando los unos a los otros durante miles de años sin que el color de la piel importase lo más mínimo. Identificar negro con esclavo es simplificar la historia con idea de adjudicar categorías de buenos y malos, y emplear esas categorías para el activismo político.

El identitarismo que hoy nos castiga proviene, en su mayor parte, de Estados Unidos, donde entre los siglos XVII y XIX se desarrolló en las colonias británicas meridionales una próspera economía de plantación muy intensiva en mano de obra. Esos trabajadores provenían mayoritariamente de África, gracias a un sistema de rutas comerciales extraordinariamente rentables que formaban un triángulo entre Europa, África y América. Los comerciantes cargaban en los puertos europeos productos manufacturados, como textiles, armas, alcohol y baratijas, y ponían rumbo a las costas africanas para intercambiarlos por esclavos. Una vez hecho el trueque transportaban, en condiciones infrahumanas, a los africanos esclavizados a través del océano Atlántico hacia las colonias europeas en el continente americano, principalmente las del Caribe, Brasil y Norteamérica, donde había grandes plantaciones que demandaban una elevada cantidad de trabajadores. Una vez vendidos en puertos como Kingston, en Jamaica, los barcos regresaban a Europa, cargados con productos americanos como azúcar, tabaco y algodón. Los esclavos africanos, entretanto, se vendían a los dueños de las plantaciones de la propia Jamaica, Cuba, la Española, las Indias holandesas y las colonias del sur de lo que luego sería Estados Unidos. A aquello se le conoce como el comercio triangular y duró unos dos siglos y medio hasta que la esclavitud fue paulatinamente abolida. Con los ojos del presente aquello se nos antoja injustificable, pero también lo fue el tráfico humano de los corsarios berberiscos durante la misma época y no por ello hemos construido una categoría política. Los españoles o los italianos de nuestro tiempo no culpan a los argelinos o los tunecinos de ser racistas, esclavistas o ambas cosas. Fue algo que sucedió y es bueno saberlo, pero no tiene sentido emplearlo con fines políticos, ya que sería una ridícula muestra de presentismo. Pero eso mismo es lo que hacen los identitarios de izquierda con los estadounidenses de raza negra. Les vienen a decir que, como sus antepasados lejanos fueron esclavizados, esa condición de víctima la arrastran hasta el momento presente. En el otro lado están los estadounidenses de raza blanca, de quienes se presume que todos provienen de familias que poseyeron esclavos, y esa culpa aún les pesa y deben expurgarse. Es un sinsentido porque, aunque diésemos por cierto que todos los blancos de Estados Unidos son descendientes de propietarios de esclavos, nadie es responsable de lo que hicieron sus antepasados lejanos. No somos, de hecho, responsables de lo que han hecho nuestros dos padres, como para serlo de los actos de nuestros 16 tatarabuelos, 128 heptabuelos o 4000 dodecabuelos.

Con el caso del machismo podríamos hacer el mismo ejercicio. Según los estándares actuales, las sociedades occidentales del pasado fueron muy machistas. A ellos, obviamente, no se lo parecía porque su mundo era así, se manejaban con categorías diferentes a las nuestras y eso es algo que debemos tener en cuenta si nuestra pretensión es entender las sociedades del pasado. Si tuviésemos la ocasión de preguntar a una mujer europea del siglo XVII elegida al azar si le parece bien que ciertos oficios se reserven a los hombres, seguramente no lo vería mal. En nuestro tiempo, en cambio, algo así se considera inaceptable. Para nuestra manera de ver ciertas cosas, forjada en los últimos dos siglos, tiene perfecta lógica. Esa opresión y, a menudo, esa trivialización de la condición femenina se corrigió en el curso del siglo XX. Las mujeres en Occidente conquistaron, después de pelearlo duro en muchas ocasiones, el derecho al voto y la igualdad plena ante la ley. No es algo que se hiciese ayer, la conocida como emancipación de la mujer se produjo hace ya décadas. Las mujeres españolas de mi generación, las nacidas en los años setenta del siglo pasado, han estado siempre emancipadas, y las de la generación precedente también. Volvemos, por lo tanto, al mismo punto que con la esclavitud y el racismo. El identitario pretende culpabilizar a todos los hombres de lo que hicieron otros hombres en el pasado y eso es disparatado. Somos responsables de nuestras faltas, no de las que cometieron quienes vivieron antes que nosotros por mucho que compartamos sexo o raza con ellos. En los sistemas legales modernos rige el principio de culpa individual, los delitos no se heredan. No siempre fue así. En la antigua Roma, para algunos delitos especialmente graves como el de traición se aplicaban castigos que se extendían a los familiares directos. En la Europa medieval se mantuvo esa tradición que vino reforzada por la culpabilidad colectiva que practicaban algunas tribus germánicas. Si un miembro de una familia cometía cierto tipo de delitos como el homicidio, la familia entera se enfrentaba a represalias. Pero esa anomalía, siempre muy limitada a una variedad muy específica de delitos y a lugares y momentos concretos, fue corrigiéndose con el paso de los siglos.

Pero la culpa, como el miedo, es una herramienta de control político muy poderosa. Si se aspira a condicionar a alguien basta con culpabilizarle de algo y sumirle en la vergüenza. De eso va todo. Una población culpabilizada es una población temerosa, y el temor trae aparejadas grandes dosis de pesimismo. Esa culpa se adjudica en nuestro ámbito cultural, pero no en otros, ya que eso entraría en conflicto con la interseccionalidad. Lo que entendemos como machismo, es decir, la creencia en la superioridad del hombre sobre la mujer, es una tara que padecen otras culturas, pero tratan de no señalarlas ni denunciarlas porque esas culturas son víctima, según ellos, de la opresión colonial. Seguramente los iraníes son más machistas que los franceses, pero Irán fue una moneda de cambio de las potencias coloniales mientras que Francia construyó entre los siglos XIX y XX un gran imperio colonial que se extendía por cuatro continentes. Los iraníes han heredado la condición de oprimidos de sus antepasados, mientras que los franceses han hecho lo propio con la de opresores. Y quien dice iraní dice sudanés, camboyano o bengalí. Como vemos, se valen del presentismo histórico más desvergonzado porque el poder esperan ejercerlo aquí y ahora. Para eso nada mejor que tener acobardada a buena parte de la sociedad, más preocupada en purgar las culpas de sus ancestros que en mirar al futuro con optimismo.

La amenaza migratoria

El nuevo identitarismo, maximalista y extraordinariamente activo en política y en los medios de comunicación, ha terminado por provocar una reacción que, en lugar de ir dirigida a reclamar la vuelta a la razón —algo que también se ha dado, pero quienes lo reclamamos sentimos que predicamos en el desierto—, tiene una naturaleza identitaria, pero en sentido inverso. De este modo, frente a las identidades oprimidas de raza, género, orientación sexual u origen cultural, levantan la bandera de la opresión, pero adjudicándosela a las poblaciones originarias de Europa y Norteamérica. Han recuperado el identitarismo nacional del fascismo italiano y sus asimilados del periodo de entreguerras. Frente a esa miríada de identidades exhiben una identidad nacional que está siendo atacada con intención de eliminarla por completo mediante sustitución con gentes provenientes de otras culturas. En el centro permanece la idea de la opresión, lo cual señala una diferencia importante con el identitarismo nacional del siglo pasado. Los fascistas o los nazis consideraban que su nación había sido agredida y eso justificaba que se hiciesen con el poder para devolverle el orgullo. Ese nacionalismo era eminentemente expansivo. Los fascistas italianos soñaban con recrear un Imperio romano moderno. En 1935, Mussolini ordenó la invasión de Abisinia para unir los dominios coloniales italianos de Eritrea y Somalia. Cuatro años más tarde ocuparon el reino de Albania y lo anexionaron a Italia. Los alemanes fueron mucho más lejos. La Segunda Guerra Mundial comenzó con la invasión de Polonia, pero antes de eso el régimen nazi había anexionado Austria, los Sudetes y Bohemia con la connivencia de las potencias occidentales que querían evitar una nueva guerra. Pero la guerra terminó estallando, ya que el nazismo era sumamente expansivo. Sus líderes soñaban con un Reich que fuese del valle del Rin a las costas del mar Caspio. Esos territorios estarían poblados por alemanes de raza aria que tendrían necesariamente que desplazar a las poblaciones que se fuesen encontrando. La demografía de la Europa en aquella época los invitaba a ser optimistas, ya que estaba llena de gente joven cargada de energía y dispuesta a cumplir los planes que el Führer reservaba para ellos. La natalidad, tanto en Italia como en Alemania, era mucho más alta que ahora. Para incrementar las posibilidades de éxito ambos regímenes fomentaron con firmeza y sin escatimar medios que naciesen más niños. Se incentivaron las familias numerosas y en Italia se creó incluso el llamado impuesto sobre el celibato, que tenían que pagar anualmente todos los que permanecían solteros más allá de los veinticinco años. El impuesto solo afectaba a los hombres, ya que, según el propio Mussolini, si una mujer se quedaba soltera no era culpa suya, sino de los hombres que no habían pedido su mano. Solteros o casados, el hecho es que los italianos de hace un siglo tenían una edad media sensiblemente inferior a la actual. En el censo de 1931 de los 41 millones de habitantes que tenía el país, solo 1,9 millones tenían más de sesenta y cinco años, es decir, aproximadamente el 4,5 % de la población. Hoy los mayores de sesenta y cinco rondan el 25 % de la población, mientras que los menores de dieciocho años constituyen el 19 %. Hay más jubilados que menores de edad, algo que se reproduce de forma milimétrica en toda Europa.

La demografía ayuda a explicar por qué el nacionalismo de nuestro tiempo es más defensivo que expansivo. Las poblaciones europeas están en retroceso porque en el último cuarto del siglo XX la natalidad se desplomó, algo que se observa en todas las sociedades que alcanzan cierto nivel de desarrollo. En lo que no ha cambiado es en la percepción de que existe un enemigo que hay que combatir porque la supervivencia de la nación, entendida, como veíamos anteriormente, como una identidad prefijada y única impuesta desde arriba, depende de ello. Los enemigos de los nazis eran, aparte de los judíos, el bolchevismo, otras razas que consideraban inferiores como la de los eslavos y las potencias occidentales que impedían que Alemania alcanzase su máximo potencial. Los enemigos de los nacionalistas europeos y estadounidenses de nuestro tiempo son los inmigrantes que han ido llegando desde el tercer mundo para emplearse en los trabajos que esos mismos europeos y estadounidenses desdeñan o simplemente no alcanzan a cubrir porque cada vez son menos. Aducen que sus países están siendo invadidos de forma silenciosa por hordas de inmigrantes cuyo objetivo es vivir a su costa y, en última instancia, reemplazarles. Esta idea ha ido popularizándose gracias a la insistencia con la que la defienden ciertos partidos y sus activistas en medios de comunicación y redes sociales. En Europa, donde la inmigración procedente de países musulmanes es muy numerosa, el temor es que terminen implantando regímenes islámicos. En Estados Unidos, la inmigración es mayoritariamente de origen hispano, una cultura occidental no muy separada de la anglosajona y que influyó decisivamente en la formación del país. Allí se percibe lo hispano como una competencia indeseable, por ello los nacionalistas inciden en la parte más negativa de los países de tradición hispana escamoteando a propósito las partes positivas. España, como en tantas otras cosas, vive a caballo entre Europa y América. Han llegado emigrantes del Magreb, pero también muchísimos hispanos con quienes los españoles comparten idioma y buena parte de la cultura. Eso ha ocasionado que encontremos dos variedades de nacionalistas: los que aceptan a los hispanoamericanos casi como españoles repatriados, y los que rechazan cualquier tipo de inmigración por considerarla un riesgo para una identidad nacional inmóvil que ellos se han encargado de definir antes.

El hecho es que la inmigración es un fenómeno que no se llega a entender del todo. La mayor parte de la gente sobrestima el número de inmigrantes en sus países y muchos terminan convencidos de que es la principal o una de las principales amenazas que enfrentan. Estamos, por lo tanto, ante un problema de percepción individual animada por una evaluación de costes asimétrica. Los costes de la inmigración son visibles y se pagan en los primeros momentos, los beneficios son mucho más intangibles y se recogen pasado cierto tiempo. Esa es la razón por la que las ciudades más ricas y vibrantes del mundo son lugares conformados por una inmigración sostenida durante largos periodos de tiempo. Durante los primeros años, esa inmigración trajo innumerables problemas que luego se fueron diluyendo y hoy esos mismos lugares se enorgullecen de ser los depositarios de una herencia multiétnica. El Little Italy de Nueva York es hoy un barrio de clase alta plagado de *trattorias* y pequeños comercios en los bajos de edificios históricos. Un barrio, por lo demás, que hace las delicias de quienes se dejan caer por allí. A principios del siglo XX era un lugar bullicioso en el que vivían decenas de miles de inmigrantes de origen italiano en condiciones precarias. Esos edificios que hoy tanto gustan a los turistas estaban abarrotados, los recién llegados vivían hacinados en apartamentos pequeños, mal ventilados, muchas veces sin agua corriente ni saneamientos. El barrio era un semillero de todo tipo de actividades delictivas. El robo, el contrabando y las apuestas ilegales eran moneda corriente. La asociación de los italianos con el crimen, alimentada por la prensa sensacionalista, empeoraba las cosas y contribuía a que los discriminasen. Al otro lado del Atlántico, en Londres, el vecindario de

Whitechapel se llenó de emigrantes en el siglo XIX, en su mayor parte irlandeses y judíos que huían de los pogromos del este de Europa. Era el barrio más pobre y peligroso de la capital del imperio. Fue allí donde Jack el Destripador perpetró sus crímenes en 1888, algo que no extrañó a nadie salvo por la brutalidad de los mismos. La mayoría de los habitantes de Whitechapel vivían en condiciones de pobreza extrema en infraviviendas. Hoy Whitechapel es uno de los barrios más caros de la ciudad y un imán para los trabajadores de cuello blanco de la City.

Son dos ejemplos extremos, pero ilustrativos de cómo la inmigración implica una serie de costes iniciales que se compensan sobradamente por los beneficios que les suceden. Las ciudades ricas atraen inmigrantes y dejan de serlo cuando sus habitantes emigran. La inmigración no es la causa primera de la prosperidad, pero sí un indicador infalible de que las cosas marchan bien. Nadie, a fin de cuentas, emigra a un lugar en el que escasean las oportunidades laborales. Esto enlaza con otra idea preconcebida sobre la inmigración, tan preconcebida como falsa, la de que solo emigran los pobres. No es así, emigra todo aquel que considera que en un lugar distinto al que nació puede vivir mejor y, a partir de ahí, está dispuesto a adaptarse a otro entorno, a veces viéndose obligado a aprender un nuevo idioma y a adoptar una serie de costumbres que no son las suyas. Tenemos a Alemania como un país que recibe inmigrantes, lo cual es cierto, pero también envía emigrantes fuera. Hay casi cuatro millones de alemanes viviendo en el extranjero, la mayor parte en Estados Unidos, Canadá y otros países de Europa. Unos son jubilados que decidieron establecerse en el sur del continente para pasar sus últimos años al sol del Mediterráneo, pero otros muchos son profesionales que buscan mejores oportunidades laborales en América, en Gran Bretaña o en los ricos emiratos del golfo Pérsico. Hay también millones de franceses, españoles, británicos, holandeses, italianos e incluso estadounidenses que han emigrado en los últimos años. Los emigrantes europeos se suelen emplear en trabajos bien remunerados, ya que están bien cualificados, hablan idiomas y muchas veces poseen experiencia en ese tipo de empleos. Pero no nos referimos a ellos como emigrantes, sino con el término más aséptico de expatriados, como si se tratase de un fenómeno distinto y no, no lo es. Los emigrantes europeos de nuestro tiempo han hecho lo mismo que sus antepasados de finales del siglo XIX: hacer la maleta y marcharse con la esperanza puesta en mejorar sus condiciones de vida. Unos lo consiguen y otros no. Emigrar es una apuesta y no siempre se gana el premio, pero son muchos los que lo logran, por lo que otros realizan la misma apuesta. Ese es el motor que mueve la inmigración desde tiempo inmemorial, un motor que, lejos de ser una amenaza, es una oportunidad.

Esto lo comprende a la primera cualquiera que viva en un pueblo del interior de España, una zona muy extensa castigada por la emigración desde hace décadas. Las dos Castillas, Aragón y Galicia están llenas de pueblos fantasma y aldeas con un puñado de habitantes, todos de avanzada edad. Los vecinos que van quedando suspiran por atraer inmigrantes jóvenes, pero se resisten a llegar porque no hay mucho que puedan ofrecer. Pero si hay un lugar que ilustra mejor que ningún otro las bondades de la inmigración es la ciudad de Detroit, en el estado de Míchigan. Detroit fue fundada en 1701 por un explorador francés llamado Antoine de la Mothe Cadillac como un puesto comercial en el canal que une los lagos Hurón y Erie. Durante siglo y medio fue un asentamiento menor en una zona remota con casas de madera y población escasa. En 1820 tenía menos de 1500 habitantes, en 1880 aún no llegaba a los 80 000, pero fue entonces cuando su población se disparó gracias a la industria del automóvil, que atrajo millones de inmigrantes, en su mayor parte procedentes de Europa y del sur de Estados Unidos. En 1950 contaba ya con casi dos millones de habitantes y era la cuarta ciudad más grande del país detrás de Nueva York, Chicago y Filadelfia. En ese punto empezó a decaer. Hoy la ciudad tiene unos 630 000 habitantes, un 67 % menos que en su momento álgido a mediados del siglo pasado. Es una de las ciudades más pobres de Estados Unidos y también de las más peligrosas. El punto de inflexión en la historia de Detroit fue cuando la gente dejó de llegar a la ciudad con idea de establecerse en ella y empezó a marcharse. Los sucesivos Gobiernos municipales no saben qué hacer para que la gente no se vaya, porque a menos habitantes, menos recursos y oportunidades, y a menos recursos y oportunidades, menos atractivo es cualquier lugar.

Pero, a pesar de que esto resulta de una obviedad aplastante para cualquiera que mire a su entorno desprovisto de las anteojeras de la ideología, la inmigración se ha convertido en casi el único problema para mucha gente. Es un enemigo perfecto en tanto que sus límites son muy difusos. ¿Qué es un inmigrante? En principio es todo aquel que se marcha de donde nació para establecerse en otro lugar. Esto incluye tanto a las migraciones internas como a las externas. Madrid, la ciudad de mis padres, mis abuelos y mis bisabuelos, en la que yo nací y en la que he pasado casi toda mi vida, es una ciudad hecha por inmigrantes desde que en 1561 Felipe II decidió trasladarse junto a toda la corte a una villa en las inmediaciones de la sierra de Guadarrama. Desde que acabó la guerra civil en 1939, la ciudad y su área metropolitana han incrementado su población en un 600 %, ha pasado de uno a siete millones de habitantes y sigue sumando nuevos vecinos cada año. En este tiempo, los madrileños no han sido tan fecundos, así que ese aumento ha venido de la mano de la inmigración, primero de la procedente de otras partes de España y luego, ya a partir de la década de los noventa, de la que ha venido de distintos lugares del mundo muy distantes entre sí. Ha sido un círculo virtuoso, a más prosperidad, más inmigrantes, y a más inmigrantes, más prosperidad. Este círculo no ha estado ni está exento de problemas, pero las ventajas han superado con mucho a los inconvenientes. Hoy Madrid es una ciudad de talla global con grandes empresas, oportunidades de empleo y un jovial estilo de vida admirado más allá de nuestras fronteras. Prácticamente todos los madrileños tienen una historia de inmigración cerca, unas veces han sido ellos mismos quienes la han protagonizado, otras sus padres o abuelos. Eso ha permitido que el espíritu y la cultura de la ciudad haya ido evolucionando hasta llegar al momento presente. Si las cosas siguen como hasta ahora, esa evolución no se detendrá y el Madrid de dentro de un siglo será para mí tan ajeno como lo sería el actual para cualquiera de mis bisabuelos.

Uno de los argumentos que el nacionalista identitario emplea con más frecuencia y empeño es que los inmigrantes provenientes del extranjero y, por lo tanto, portadores de tradiciones y valores culturales distintos a los de la sociedad de acogida terminan por modificar la cultura local. Esos nuevos valores, a su juicio, aniquilarán o, en el mejor de los casos, empeorarán lo presente. Ignoran que pocas cosas hay tan maleables y cambiantes como la cultura. Más atrás decía que el pasado es un lugar extraño en el que, a poco que lo estudiemos de cerca, empezaremos a sentirnos incómodos. Pues bien, el futuro no es menos extraño. La diferencia radica en que no tenemos posibilidad de conocerlo. Volviendo con el ejemplo de Madrid, hagámonos una pregunta: ¿qué es culturalmente un madrileño? ¿Un majo como los que pintaba Francisco de Goya en sus cuadros costumbristas? ¿Un chulapo sacado de una Zarzuela? ¿Un *rockero* de la movida madrileña? Los tres eran madrileños, cada uno de su época, y, por lo tanto, hijos de la cultura, las modas y las tradiciones de cada momento histórico. Una ciudad son sus habitantes, no sus calles o sus monumentos. Yo paseo a diario por la misma trama urbana por la que anduvieron hace cuatrocientos años escritores del Siglo de Oro como Lope de Vega, Quevedo o Calderón de la Barca. Muchos edificios de aquella época siguen en pie, entre ellos la casa en la que vivió Lope de Vega, que aún se conserva convertida en un museo no muy lejos de donde vivo. Cualquiera de ellos podría recorrer la ciudad sin perderse, ya que, salvo algunas plazas que se abrieron en el siglo XIX, las calles siguen teniendo la misma forma y recorrido. Pero esta ya no es su ciudad, es la nuestra después de cuatro siglos de transformaciones culturales cuyo resultado es el Madrid actual. El ejemplo sirve para cualquier otra ciudad europea o americana. Nunca ha existido nada parecido a una sociedad inmóvil. Hasta el Japón enclaustrado del sakoku, una etapa de aislamiento autoimpuesto en tiempos del shogunato Tokugawa, en la que se restringió el contacto con extranjeros y el comercio exterior para evitar las influencias externas, evolucionó lentamente. Con o sin inmigrantes todas las sociedades están en cambio continuo, la diferencia estriba en que si llegan inmigrantes y se abren al mundo capitalizarán mejor ese cambio y no irán a remolque de otras, como les sucedió a los japoneses, que tuvieron que modernizarse a toda prisa para evitar humillaciones como las que sufrieron los chinos a finales del siglo XIX.

LA ANGUSTIA CLIMÁTICA

La idea de la inmovilidad, de que vivimos en el momento perfecto y definitivo, es muy atractiva, por eso los identitarios la emplean constantemente. Describen una presunta edad de oro que hace poco dejamos atrás y que hay que recuperar a toda costa. Muchos confunden su propia biografía con la historia de su país. Eso se da con más frecuencia entre la gente de cierta edad. La juventud les abandonó hace tiempo y recuerdan nostálgicos los tiempos en los que andaban sobrados de energía y con toda la vida por delante. Es fácil y tentador idealizar esos tiempos y confundir el vigor propio con el de la sociedad en su conjunto. Ahí, como señalé al principio, cierto pesimismo es comprensible en tanto que nuestra vida es extremadamente corta y pasa muy rápido. Los mejores años se escapan rápido y, a partir de cierto punto, comenzamos a vivir de recuerdos suprimiendo los malos y quedándonos con los buenos para no martirizarnos con las desgracias. En países tan envejecidos como los europeos hay demasiada gente que se nutre de buenos recuerdos cuidadosamente seleccionados.

Trasladar esos recuerdos a una época más feliz es un viaje muy breve fortalecido por la inagotable propaganda de los activistas. En cualquier país conforme aumenta la edad promedio así lo hace el pesimismo. Esto es así y siempre lo será. Los jóvenes, sin embargo, no tienen ese condicionante y muchos compran con avidez el relato de la edad de oro y la posterior decadencia. Aquí chocan dos fenómenos ideológicos opuestos. Por un lado, los que se suman al identitarismo nacionalista asumiendo que esa decadencia se debe a la irrupción de extranjeros y la consiguiente pérdida de la identidad nacional. Por otro, los que, contagiados por las pésimas noticias que les dan los periodistas respecto al clima, se han persuadido de que el final está cerca y lo único que nos queda para evitarlo es empobrecernos.

El cambio climático es un hecho porque el clima no ha hecho más que cambiar en el curso de la historia de la Tierra, pero esta vez es muy probable que la actividad humana tenga que ver en ello. Las temperaturas globales han ascendido en las últimas décadas. Los últimos diez años han sido, por ejemplo, los más cálidos a escala global desde que tenemos registros, es decir, desde finales del siglo XIX. En términos históricos —o quizá deberíamos decir geológicos, porque la atmósfera de la Tierra tal y como la conocemos se empezó a formar hace unos dos mil millones de años en lo que se conoce como la gran oxidación— es un periodo muy corto, apenas un parpadeo, pero es lo que tenemos y sobre lo que podemos sacar conclusiones. Buena parte de los climatólogos apuntan al incremento en las emisiones de gases de efecto invernadero como el CO_2 o el metano, provocados por la quema de combustibles fósiles como los responsables de este aumento de temperatura. Los sucesivos acuerdos internacionales persiguen que ese tipo de combustibles se vayan abandonando para el transporte y la generación de energía, algo que algunos países, especialmente los europeos, están realizando con más celo que otros. La prosperidad, al fin y al cabo, depende del acceso que tengamos a energía abundante y barata. Muchos países que están saliendo de la pobreza no quieren poner en riesgo ese avance que tanto les ha costado conseguir. Desconocemos si esos esfuerzos se materializarán en algo, por ahora todo lo que se ha conseguido es que el pesimismo cunda por doquier.

Como ha sucedido con la historia, el activismo político se ha adueñado de las cuestiones climáticas y es común encontrarse con predicciones catastróficas más propias del milenarismo medieval que de nuestros ilustrados tiempos. Todo movimiento radical necesita recurrir, en mayor o menor medida, a profecías milenarias. Advierten de un peligro inmediato y prometen transformaciones radicales para evitar el apocalipsis, algo que hunde sus raíces en la tradición judeocristiana. Los catastrofistas del clima, una variedad un tanto peculiar de identitarios que señalan a la Tierra como víctima de la perversidad del ser humano, se valen de ese sesgo tan arraigado en nuestra cultura para atemorizar al prójimo y que se hunda en el desánimo. Iniciativas como la de no tomar aviones, no encender la calefacción en invierno o alimentarse solo con productos de cercanía pretenden contribuir a la reversión del cambio climático y que volvamos a tener la misma temperatura global que en 1880, que muchos consideran no solo perfecta, sino la que siempre tuvo el planeta. Pero haciendo eso lo único que conseguiremos es empobrecernos a pasos agigantados y estar menos preparados para cualquier cambio climático, más aún si es, como aseguran, repentino y de gran envergadura.

La del cambio climático es la última de las calamidades medioambientales que los ecologistas vaticinan desde que este movimiento apareció hace algo más de medio siglo. Antes de él tuvimos que lidiar con la deforestación que iba a acabar con todos los bosques del planeta, la lluvia ácida producto de las emisiones industriales, la pérdida de biodiversidad y la extinción de especies, y la contaminación de las masas de agua. Pintan un planeta sufriente, oprimido por la avaricia sin límites de los seres humanos que, en palabras de un conocido ambientalista, rompieron el contrato y se convirtieron en un cáncer para la Tierra. Lo cierto es que la superficie forestal se ha mantenido más o menos estable en las últimas décadas, en algunos países ha disminuido, pero en otros ha aumentado compensando la superficie perdida de los primeros por la ganada de los segundos. La lluvia ácida ha disminuido de forma notable. Respecto a la pérdida de biodiversidad, es cierto que la actividad humana ha acelerado la tasa de extinción de especies en los dos últimos siglos, pero desde el comienzo de la vida en la Tierra la extinción ha sido la regla, no la excepción. Más del 99,9 % de todas las especies que han existido se han extinguido, la inmensa mayoría antes de que los seres humanos se extendiesen por todo el planeta. Los ríos y lagos en los países ricos no han hecho más que mejorar su estado en las últimas tres décadas, algo similar a lo que ha ocurrido con los bosques, lo que vendría a demostrar que la prosperidad económica es la mejor aliada del medio ambiente.

Respecto al clima, no es mucho lo que conocemos del que hubo en tiempos pasados porque carecemos de registros fiables y detallados. Para saber, por ejemplo, qué tipo de clima había en Europa en un siglo tan cercano como el XVIII, una época en la que, por cierto, Daniel Fahrenheit inventó el termómetro moderno, tenemos que recurrir a textos como diarios personales y crónicas, fechas de siembra y cosecha, libros parroquiales que a veces incluyen anotaciones sobre acontecimientos climáticos reseñables, bitácoras de navegación e informes contemporáneos sobre ciertos desastres como nevadas o inundaciones. Son fuentes indirectas y no muy numerosas. De un tiempo a esta parte los climatólogos se valen también de la dendroclimatología, una disciplina que estudia los anillos de crecimiento de los árboles, y de los núcleos de hielo conservados en glaciares para analizar los gases atrapados en ellos y deducir la composición de la atmósfera. A través de estas fuentes, siempre incompletas y con muy pocas muestras, se han elaborado gráficas de temperatura que nos permiten hacernos una idea de cuál era la temperatura y la precipitación de épocas pasadas. Sabemos, por ejemplo, que la Baja Edad Media tuvo temperaturas ligeramente más altas que el periodo precedente y el que le siguió, por eso a este último se le conoce como óptimo climático medieval frente a la pequeña edad de hielo de los siglos XVII y XVIII. Hubo otro óptimo climático muy prolongado que coincidió con el cenit de la civilización clásica en tiempos del Imperio romano. El clima ha estado cambiando continuamente a lo largo de los dos últimos milenios. Nuestros antepasados se fueron adaptando a esos cambios prosperando siempre durante los periodos cálidos. Una temperatura más alta extiende y facilita los cultivos y, en tanto que la cantidad de agua es fija en el planeta desde hace millones de años, permite que haya más en la circulación atmosférica y menos atrapada en los casquetes polares y los glaciares.

Lo que parece fuera de toda duda es que no hay una temperatura fija e ideal. Eso lo sabe cualquiera que pase un verano en Sevilla o un invierno en Helsinki. La temperatura media en esos extremos del continente europeo deja mucho que desear, la de Sevilla es excesivamente cálida y la de Helsinki excesivamente fría. La temperatura ideal, la que más favorece a los humanos, a sus cultivos y a sus animales domésticos, es la que ronda entre los 15° y los 25° Celsius. Por debajo comienza el frío, por encima el calor. Pocos son los lugares del mundo que viven en semejante paraíso térmico y ninguno está en las latitudes medias donde hay cuatro estaciones bien diferenciadas con veranos más o menos calurosos e inviernos más o menos fríos. A las sociedades europeas no les quedó más remedio que ir adaptándose a los extremos anuales. En los pueblos del Mediterráneo predomina el color blanco para reflejar la luz solar y mantener las casas más frescas, las calles son estrechas y se ovillan para protegerse del inclemente sol estival. En el norte de Europa huyen del blanco, se esmeran con el aislamiento térmico para evitar las fugas de calor durante el invierno y disponen encima de las casas tejados a dos aguas con planos muy inclinados para evacuar la nieve con rapidez. Como casi todos los climas se alejan de ese ideal, la adaptación ha sido la norma y así debería seguir siendo. En nuestra época contamos, además, con grandes avances tecnológicos y mucha riqueza acumulada que hará mucho más sencilla cualquier adaptación climática.

Por más que les pese, el mundo no se va a acabar por un cambio climático, tampoco lo hará el mundo de los humanos porque no lo hizo con oscilaciones climáticas anteriores en épocas en las que nuestros ancestros vivían mucho más al límite. De nosotros depende adaptarnos a los cambios que vengan de la forma más adecuada posible. Eso solo lo podremos hacer con los bolsillos llenos y así podremos dedicar una parte a soluciones tecnológicas. Para hacerlo es necesario sacar la ideología y el activismo político de la conversación climática. Debería hacerse cuanto antes, porque el remedio podría terminar siendo peor que la enfermedad. Lo mismo vale para todos los delirios identitarios que acabamos de ver. Los seres humanos somos todos iguales y, si bien categorizarnos por grupos puede ser de alguna utilidad a efectos estadísticos, en otros ámbitos solo sirven para fracturar, crear enfrentamientos y sumirnos en la negatividad. Las identidades son siempre individuales porque todos somos únicos y completamente irrepetibles. Eso es motivo de celebración, no de tristeza.

CAPÍTULO 5

NO SOMOS UNA EXCEPCIÓN

En España y, por extensión, en el mundo de habla hispana nunca hemos tenido sentido de la medida. Oscilamos entre la exaltación eufórica de lo propio y la desesperanza, acompañada siempre por la autocrítica más acerada e inmisericorde. Tanto en un extremo como en otro la idea permanente es que existe algo parecido a un excepcionalismo español y, si se me permite, ya que esto alcanza también a los hispanos de América, un excepcionalismo hispano. Por excepcionalismo debemos entender la idea de que España constituye, ya sea para lo bueno o para lo malo, algo único, una manifestación excepcional en la historia universal. Unos arguyen que España constituye una singularidad espiritual en una Europa materialista, gracias a lo cual pudo en el pasado levantar un imperio integrador y modélico. Otros que la historia de España es la de un fracaso, que todo se hizo mal y que sus momentos estelares se debieron a la mera casualidad. En el caso de América, se rehizo el relato a medida de las nuevas repúblicas, desde su glorioso y heroico nacimiento hasta las sucesivas crisis que atravesaron después. No queda espacio para posiciones intermedias: u orgullo desmedido o insoportable vergüenza. Las posturas son irreconciliables y encajan bien con las que a lo largo del siglo XX suscribieron diferentes opciones políticas. Tanto la izquierda como la derecha han insistido y siguen insistiendo en este excepcionalismo. Para unos hubo un momento dorado, que en España identifican con el imperio y en América con la independencia, que se desaprovechó por culpa de terceros, unas veces extranjeros y otras agentes internos con malas intenciones. Para otros todo ha sido un error inmenso y no queda otra que empezar de cero. Los hay que incluso hablan de disolverla para acabar de una vez con la agonía.

Bien, ambas visiones, la de los chovinistas y la de los que se autoflagelan, son falsas y lo único que generan es angustia o falso optimismo, que es casi peor que el pesimismo porque, aunque dicen estar contentos, miran el futuro con desconfianza. Ni España ni los países de Hispanoamérica son excepcionales. Su historia es muy interesante y tuvo una notable influencia en la historia universal, pero no es nada especial, no hay nada que la haga más singular que la de Italia, Francia, Alemania, Canadá o Estados Unidos. La historia de cada uno de los países de Europa y América tiene sus particularidades. Todos pueden esgrimir hechos sobresalientes o anormales y periodos de auge más o menos sostenidos que moldearon a su imagen ciertas épocas. Es cierto que fueron los españoles los primeros en llegar y establecerse en el Nuevo Mundo, también los primeros en construir un imperio de alcance mundial, pero los británicos hicieron la Revolución Industrial y los franceses la Revolución de 1789, dos acontecimientos que tuvieron tanta repercusión en el devenir histórico como el descubrimiento de América. De los italianos qué decir. Del latín, una lengua itálica, provienen dos de las lenguas más habladas del mundo, entre las que, por cierto, no está el italiano, pero sí el español y el portugués. De Italia, Europa occidental tomó el alfabeto, el derecho, el cristianismo, el canon artístico y una parte nada despreciable de su filosofía y su ciencia. Para cualquier occidental visitar Italia es como conectarse físicamente con el código fuente de la civilización. Si el occidental en cuestión habla una lengua romance, esa sensación es aún más intensa. Los alemanes pueden también poner sobre la mesa un buen puñado de razones que les hacen especiales. La cultura y el idioma alemán han sido predominantes durante siglos en el corazón del continente, fue un alemán quien hizo la reforma protestante que fracturó la cristiandad latina, y tanto la música como la ciencia o la filosofía tienen una deuda inmensa con Alemania. Hasta países más pequeños como Holanda, Portugal o los escandinavos pueden aportar elementos distintivos de gran relevancia para la historia del mundo.

Historias excepcionales

La historia de España es, efectivamente, especial, pero ni en mayor ni en menor medida que la de nuestros vecinos. La historia de países grandes y antiguos como los europeos siempre es especial. Demos un repaso rápido para colocar las piezas en su lugar. Lo que hoy conocemos como España, que ocupa el 83 % de la superficie de la península ibérica, entró en la historia de la mano de los fenicios y los griegos hace aproximadamente unos 2600 años. Al estar en el extremo occidental del Mediterráneo, la civilización llegó algo más tarde que a Italia, pero echó raíces pronto gracias a la aculturación de los pueblos indígenas. Algunos como los iberos llegaron a desarrollar expresiones artísticas muy sofisticadas, alfabeto propio y hasta construyeron pequeñas ciudades. Esos pueblos fueron conquistados por las legiones en un proceso que llevó dos siglos y, de forma gradual, se fueron incorporando al mundo romano como provincias hasta la desaparición del Imperio romano de Occidente. Le sucedió un reino fundado por los visigodos, uno de los pueblos germánicos que habían irrumpido en el imperio un siglo antes de su caída. La monarquía visigoda aguantó hasta principios del siglo VIII, momento en el que sucumbió de forma muy rápida a la invasión de los musulmanes llegados del norte de África. Dio comienzo entonces lo que conocemos como Reconquista. Se formaron una serie de principados cristianos en la cornisa cantábrica y la vertiente sur de los Pirineos que, con el paso del tiempo, ocuparon toda la península en un avance descendente y desigual. De aquel proceso nacieron los reinos que darían forma a las actuales España y Portugal. Fue también en esa época cuando se formaron las lenguas que hoy hablamos. Todas, con la excepción del vasco, provenientes del latín. España se originó de la unión dinástica de las coronas de Castilla y Aragón, a la que se sumó el reino de Navarra; Portugal surgió del primitivo reino de León en 1139 y se mantuvo independiente desde entonces, salvo un breve periodo, entre 1580 y 1640, en el que se unió a España por una carambola dinástica.

En 1492 la Reconquista concluyó con la toma de Granada y ese mismo año Cristóbal Colón, un navegante genovés al servicio de los Reyes Católicos, alcanzó las costas americanas. Ese viaje resultaría de importancia capital porque le seguirían otros que servirían para explorar buena parte del continente americano. Permitirían también establecer en el Nuevo Mundo varios virreinatos españoles que se independizaron en el primer cuarto del siglo XIX conformando una veintena de repúblicas. La emancipación de los virreinatos coincidió en el tiempo con la invasión napoleónica, un trauma que dio origen a la España y el Portugal contemporáneos. En América, Cuba y Puerto Rico se mantuvieron unidas a la metrópoli durante varias décadas hasta que, tras la derrota en la guerra de 1898 contra Estados Unidos, se entregaron al vencedor. La modernización política y la industrialización de España, Portugal y de sus antiguas dependencias en América fue algo más tardía que la de otros países, pero se terminó llevando a cabo con altibajos. Hoy España y Portugal forman parte de la Unión Europea, de la OTAN y están en el primer mundo. En las repúblicas americanas hay un poco de todo, son muchos países, cada uno ha tenido que lidiar con unos avatares históricos distintos, pero, en líneas generales, son algo más pobres que Estados Unidos, aunque sensiblemente más ricos que las ex colonias inglesas y francesas en África o el sur de Asia. Así de primeras no parece que haya sido un fracaso. El español es la lengua madre de unos 500 millones de personas, el portugués de unos 250 millones. Aproximadamente el 9 % de todos los habitantes del planeta hablan una de esas dos lenguas. Hay tantos hispanohablantes hoy como seres humanos había en el año 1750. No está nada mal para dos humildes dialectos del latín que se originaron en una cordillera remota, fría y pobre del norte de la península ibérica.

LAS COMPARACIONES NO SON ODIOSAS

Ninguna etapa de la historia de España la hace excepcional. Volvamos sobre la cronología para comprobarlo. Entró en la historia cuando aquellos navegantes procedentes del Creciente Fértil llegaron a sus costas, lo mismo que sucedió con Italia un poco antes y con el sur de Francia en la misma época. Resumiéndolo mucho, debutó en la historia cuando le tocó hacerlo, ni un minuto antes, ni uno después. Formó parte del Imperio romano como todas las tierras ribereñas del Mediterráneo. Al estar relativamente cerca de Italia y disponer de una amplia fachada costera en el Mediterráneo, la romanización arraigó con rapidez, razón por la cual nuestra lengua deriva del latín y el cristianismo se impuso pronto. Por su posición geográfica en la parte occidental del imperio fue invadida a partir del siglo V por varias olas de pueblos germánicos, las fuentes nos hablan de cuatro diferentes: los vándalos, los alanos, los suevos y los visigodos. Estos últimos fueron quienes hicieron de la Hispania romana una entidad política independiente con capital en Toledo, pero eso no fue la excepción, sino la norma. Las Galias fueron ocupadas por los francos, los burgundios y los alamanes. Italia sucumbió ante los hérulos y los ostrogodos primero, y luego ante los lombardos que guerrearon contra los bizantinos en la península itálica durante dos siglos. Gran Bretaña fue invadida por tres tribus germánicas: los anglos, los sajones y los jutos. Todo el Imperio romano de Occidente fue pasto de estas invasiones bárbaras que engendraron nuevas realidades políticas. El reino visigodo de Toledo fue simplemente una más, una especialmente avanzada en comparación con las otras porque en el siglo V el sur de Europa estaba más civilizado que el norte.

En este punto podríamos pensar que lo que vino después marca la diferencia, ya que se produjo una invasión musulmana en el año 711. Ese año una sucesión de ejércitos provenientes del norte de África cruzaron el estrecho de Gibraltar y fulminaron al reino visigodo. La conquista fue rápida y en muchas zonas pacífica mediante acuerdos con los caudillos locales. Apenas concluida se produjo una rebelión en el norte que provocó el nacimiento de un pequeño reino, el de Asturias, que empezó a descender hacia el sur ya convertido en el reino de León, del que saldrían el de Castilla y el de Portugal. En los valles del Pirineo se formó una marca del Imperio carolingio que terminaría dando lugar a los reinos de Aragón y Navarra y a los condados catalanes. La península ibérica no fue el único territorio europeo invadido por los musulmanes. Sicilia fue invadida a mediados del siglo IX por los aglabíes tunecinos, que instauraron un emirato que duraría más de un siglo, hasta que unos nuevos invasores, esta vez normandos llegados desde el norte de Francia, se hicieron con el control de la isla. En el sudeste de Europa, el Imperio bizantino fue menguando y su espacio lo ocuparon los musulmanes otomanos que, en su momento de máxima expansión territorial a mediados del siglo XVI, llegaron a las puertas de Viena. Antes de eso pusieron bajo su control directo todo el curso medio y bajo del Danubio, los Balcanes y Grecia. Como vemos, una parte nada despreciable de Europa estuvo bajo dominio musulmán en algún momento de su historia. Otras partes del continente se libraron, pero, a cambio, sufrieron otro tipo de invasiones tanto o más devastadoras, como la de los avaros en el siglo VI y la de los vikingos y los húngaros en los siglos IX y X. A la península ibérica esas invasiones apenas le rozaron.

Una vez concluida la Reconquista se produjo el descubrimiento de América, las guerras de Italia contra los franceses, la lucha contra el turco y los conflictos religiosos en Flandes y Centroeuropa. En tanto que América proporcionó grandes riquezas y a principios del siglo XVI pasó a reinar en España la dinastía alemana de los Habsburgo, la península ibérica se vio metida de lleno en los grandes asuntos geopolíticos de Europa. En esos mismos asuntos, el Sacro Imperio, Francia o los principados italianos llevaban siglos enredados. A otras regiones periféricas del continente, como las islas británicas, les sucedió algo similar cuando su peso específico en el concierto internacional aumentó a partir de la llegada al trono de los Hannover en 1714. En las guerras de religión de los siglos XVI y XVII, Inglaterra, Escandinavia y una serie de principados alemanes se reformaron; España, Portugal, Francia y los principados italianos no lo hicieron. Lo que no tuvo que sufrir España en carne propia fue ninguno de los innumerables conflictos religiosos que asolaron a otras partes de Europa. Como sucedió con Italia o Francia, no se tomó un camino diferente, la monarquía no creó su propia iglesia separándose de Roma. Los reyes de España, que eran especialmente poderosos en aquella época, se limitaron a apoyar a sus familiares austriacos y a proteger mediante guerras continuas los dominios heredados que controlaban en Italia y Flandes hasta que la guerra de Sucesión desposeyó a la nueva dinastía borbónica de esos territorios. Ahí tampoco encontramos una excepción. El cambio periódico de dinastía era algo relativamente común en la Europa de entonces. Bastaba con que un rey muriese sin descendencia para que cambiase la casa reinante. En Inglaterra, desde el siglo XV hasta el XVIII, se sucedieron cinco dinastías: Lancaster, York, Tudor, Estuardo y Orange. En Francia, cuatro: Valois, Valois-Orleans, Valois-Angulema y Borbón. En Portugal, tres: Avis, Habsburgo y Braganza. En ese mismo espacio de tiempo en España solo hubo dos: los Habsburgo hasta el año 1700 y los Borbón de ahí en adelante y hasta el momento presente. No parece la de la España moderna una historia de inestabilidad ni especialmente excepcional.

Los abonados a la teoría del excepcionalismo español coinciden en señalar que el cambio de dinastía supuso también un punto de inflexión en uno de los temas favoritos de la historiografía española: el de la decadencia. Se han vertido ríos de tinta sobre esto. Unos aseguran que fueron los llamados Austrias mayores (Carlos V y Felipe II) quienes llevaron a España a su máxima expresión y tras ellos el país empezó lenta pero inexorablemente a decaer. Otros se llevan ese decadentismo a la llegada de la familia Borbón al trono. Algunos el periodo dorado lo restringen al reinado de Carlos V y parte del de Felipe II, ya que, tras la derrota de la Armada de Inglaterra —a la que en España nos empeñamos en llamar Armada Invencible a pesar de que los propios británicos se refieren a ella simplemente como «Spanish Armada»—, todo fue cuesta abajo. Suelen ignorar que los ingleses devolvieron la visita un año después con Francis Drake a la cabeza y fracasaron en la misma medida. La derrota de la Armada de Inglaterra no supuso punto de inflexión alguno. Felipe II envió una nueva flota años más tarde y en dos ocasiones los españoles consiguieron realizar pequeños desembarcos en Gran Bretaña. Esto los ingleses lo desconocen, pero los españoles también. La memoria histórica es siempre selectiva y suelen minimizar u omitir las derrotas. Entre nosotros se da la sorprendente paradoja de que hacemos justo lo contrario. El hecho es que, después de aquella guerra, fue el rey Jacobo I de Inglaterra quien se afanó personalmente en alcanzar un acuerdo de paz porque estaban exhaustos.

Con la guerra de Sucesión y la llegada de la dinastía borbónica sucede algo similar. Se insiste en la pérdida de los dominios españoles en otras partes de Europa tras los tratados de Utrecht-Rastatt. Esos dominios no eran españoles, sino reales. Hoy esto nos puede costar entenderlo porque leemos el pasado con las categorías políticas de nuestro mundo, pero ni Nápoles, ni Flandes, ni el Milanesado, ni el Franco Condado formaban parte de los reinos de Castilla y Aragón. Eran unidades políticas distintas que compartían soberano con castellanos y aragoneses. Carlos V, el primero de los reyes de lo que hoy conocemos como España, los recibió en herencia de sus abuelos —de su abuela María le venía Borgoña y de su abuelo Fernando las posesiones italianas, a las que él sumó Milán— y se mantuvieron ligados a su familia durante unos dos siglos. En la Europa de aquella época eso era muy habitual. Los príncipes heredaban la propiedad de una serie de títulos que podían acrecentar con nuevas adquisiciones o perder si las cosas no marchaban bien. Felipe V, el primero de los Borbón españoles, renunció a esos títulos a cambio de que otros monarcas europeos le reconociesen como rey de España y las Indias. Tan pronto como llegó al trono se concentró en recuperar lo más valioso, Italia, y lo consiguió entregándoselo a sus hijos. Primero se hizo con el ducado de Parma y luego con los reinos de Nápoles y Sicilia, razón por la cual

Carlos III de España fue antes Carlos VII de Nápoles y VI de Sicilia. El llamémoslo «decadentista borbónico» insiste en que esta dinastía sometió a España a los caprichos del reino vecino. Las familias reales solían apoyarse e influirse entre ellas cuando pertenecían a la misma dinastía. Eso fue lo que ocurrió entre los Borbón españoles y franceses, pero también entre los Habsburgo de Madrid y los de Viena. La diferencia estriba en que estos últimos nunca guerrearon entre sí, cosa que sí sucedió entre Felipe V y sus primos franceses, a quienes declaró la guerra solo cuatro años después de la muerte de su abuelo Luis XIV. Por lo demás, es cierto que el arte y la cultura francesa tuvieron mucha influencia en la España del siglo XVIII, pero eso no es exclusivo de España, toda Europa recibió el influjo de lo francés en aquel entonces.

Algunos partidarios de la excepcionalidad insisten en que fue el imperio ultramarino lo que hace de España y de su historia algo realmente único. No lo parece a la vista del interminable listado de imperios que en el mundo han sido. El español fue especialmente extenso y, con permiso del portugués, el primero de carácter ultramarino. Eso fue posible gracias a los viajes de exploración que los navegantes ibéricos realizaron en los siglos XV y XVI. En ello influyó mucho la ubicación de la península ibérica, proyectada sobre el océano Atlántico. Difícilmente los finlandeses o los polacos podrían haber descubierto América estando donde están. Pero no bastó solo con eso. Para internarse en la inmensidad del océano hizo falta algo más. Ese algo fue el valor y el tesón que le pusieron los portugueses aventurándose en aguas desconocidas. Iban, eso sí, provistos de una serie de avances técnicos como la brújula, la carabela, el sextante o las primeras cartas náuticas que vimos más arriba. Los marinos castellanos estaban al tanto de estos inventos y los emularon. Para evitar conflictos, en 1494 Juan II de Portugal y los Reyes Católicos acordaron repartirse el mundo en el tratado de Tordesillas, cuya línea de demarcación, fijada sobre el centro del Atlántico, otorgó a Castilla el privilegio de navegación en aguas americanas. Tras ello vino el grueso de la exploración, la conquista y la colonización.

En América se crearon virreinatos, pero esa institución no era nueva. Los monarcas hispanos ya la empleaban en Europa desde el siglo XIV. Los primeros virreyes aparecieron en la corona de Aragón en tiempos de Pedro IV el Ceremonioso para gobernar mejor sus dominios de Cerdeña y Sicilia. Luego se nombrarían virreyes para Galicia, Nápoles, Navarra, Aragón, Cataluña y Valencia. Ese mismo modelo administrativo se trasladó a América con la creación del virreinato de las Indias en 1492, que se transformaría en los virreinatos de Nueva España y el Perú tras la conquista. Ya en el siglo XVIII, como parte de las reformas borbónicas, aparecieron los virreinatos de Nueva Granada y el Río de la Plata. No fue una excepcionalidad española. Los portugueses crearon virreinatos en la India y en Brasil, los franceses en Nueva Francia, un territorio que se corresponde con el actual Quebec y la Luisiana, y los británicos en la India a partir del siglo XIX cuando se transfirió el control de la colonia de la Compañía de las Indias Orientales a la Corona. El tipo de imperio que levantaron los españoles en América no fue muy distinto a los imperios de su época, como el otomano o el propio Imperio portugués en el Índico. Era, por decirlo de un modo sencillo, un imperio a la antigua usanza en el que el conquistador integraba de buen grado a los conquistados siempre que le prestasen obediencia. Pero no hubo, como comúnmente se cree, un Imperio español uniforme e inalterable en el tiempo. Duró varios siglos, fue adquiriendo distintas formas y evolucionando en función de las necesidades de la Corona y de las circunstancias siempre cambiantes de la política internacional. Su primera versión de tiempos de los Habsburgo fue objeto de varios ajustes y, con la llegada de la dinastía Borbón, se practicaron reformas más profundas. A finales del siglo XVIII, con Carlos IV y no en tiempos de Felipe II como suele pensarse, es cuando alcanzó su máxima extensión con unos veinte millones de kilómetros cuadrados y unos treinta millones de habitantes. Tras la independencia de los virreinatos, sus restos en el Caribe y en las Filipinas se convirtieron en capitanías generales. En su última expresión, ya en el siglo XX, no difería en nada de cualquier otro imperio colonial europeo. Había un protectorado en el norte de Marruecos y dos colonias, la de Guinea y la del Sáhara, que en los últimos años se transformaron en provincias.

La colonización española de América revistió una serie de características peculiares. El continente era mucho más vasto de lo que imaginaban los primeros en llegar allí. Los medios de la época eran muy limitados para mantener un control efectivo del territorio y la propia España no era precisamente un lugar con un excedente demográfico significativo para repoblar aquellas tierras. El mestizaje con las poblaciones locales fue inevitable y se aceptó desde los primeros años, cosa que no sucedió, por ejemplo, con las colonias inglesas en Norteamérica, donde se prohibieron los matrimonios interraciales. Eso tuvo como consecuencia que la expansión británica en América fue mucho más lenta que la española. En 1776, cuando Estados Unidos declaró su independencia, los ingleses controlaban una porción minúscula de Norteamérica y algunas islas del Caribe, mientras que los españoles estaban presentes desde California hasta el sur de Chile. El grueso de la expansión anglosajona en Norteamérica se produjo a lo largo del siglo XIX con la llamada conquista del oeste, pero no ya en clave imperial europea, sino como construcción desde cero de un Estado americano moderno. En ese punto, los avances tecnológicos que trajo la industrialización como el telégrafo, el ferrocarril y la navegación a vapor permitieron el arribo de una cantidad considerable de emigrantes europeos que fueron colonizando las nuevas tierras. Un fenómeno similar se observa en repúblicas sudamericanas como Argentina, que se expandió hacia el sur a finales del siglo XIX, al tiempo que sus Gobiernos reclamaban inmigrantes europeos que no tardaron en llegar dando forma a la Argentina actual.

Eso que denominan obra de España en América, notable y digna de encomio en muchos aspectos, tampoco fue excepcional. Los españoles fundaron las primeras ciudades y universidades porque fueron los primeros en llegar. La primera de ellas fue Santo Domingo, a la que siguieron otras tantas en Cuba, Puerto Rico y las costas de Centroamérica. En el continente se encontraron con que los mexicas ya tenían ciudades de respetables dimensiones como Tenochtitlán, que Hernán Cortés convirtió en Ciudad de México. La expansión urbana fue sorprendentemente rápida en el siglo XVI. Para principios del siglo siguiente había ciudades españolas desde Santa Fe, en el actual Nuevo México, hasta Concepción, en Chile. Fue entonces cuando los británicos empezaron a establecerse en América con la fundación en 1607 de Jamestown en la costa de Virginia, un puesto que abandonaron posteriormente. Un año después, el explorador francés Samuel de Champlain fundó Quebec a orillas del río San Lorenzo, adaptando el nombre algonquino de aquel paraje. Fue una constante, tan pronto como los europeos llegaban a un lugar fundaban ciudades, unas veces bautizándolas con nombres indígenas y otras con topónimos traídos de Europa o en recuerdo de santos. En cuanto a las universidades sucedió algo muy similar. La primera se abrió en Santo Domingo cuatro décadas después de su fundación, le seguirían la de San Marcos en Lima y la Real y Pontificia Universidad de México, ambas fundadas en 1551. En Norteamérica la primera universidad fue la de Harvard en la colonia de la bahía de Massachusetts. Se fundó en 1636 en la ciudad de Cambridge, a corta distancia del puerto de Boston, ocho años después de que quedase establecida la colonia. No es que los ingleses no quisiesen fundar universidades, es que llegaron más tarde.

La norma durante siglos de todos los asentamientos europeos en ultramar fue que, en el momento en el que consolidaban su dominio sobre el territorio, lo colonizaban, fundaban ciudades si no las había y las dotaban de iglesias, infraestructuras de todo tipo y universidad para los nuevos habitantes. En paralelo, comenzaba la evangelización de las poblaciones que se habían encontrado. Los españoles establecieron infinidad de misiones en América, algo que también hicieron los portugueses, los británicos, los franceses y los holandeses allá donde se establecieron. Los portugueses levantaron imponentes catedrales barrocas en lugares tan remotos como Goa, en la India, o Macao, en China. La de Goa se conserva en perfecto estado, la de Macao se incendió en 1835, pero aún sigue en pie la fachada. En las colonias inglesas de Norteamérica los puritanos de Massachusetts tradujeron la Biblia al algonquino para convertir a los indígenas, pero no tuvieron tanto éxito como los españoles, ya que carecían de un sistema misionero centralizado. En las trece colonias convivían varias confesiones cristianas como los anglicanos, los cuáqueros, los puritanos, los bautistas y los metodistas que, como es lógico, no colaboraban entre ellas en labores misioneras. Había también católicos en la colonia de Maryland, fundada por Lord Baltimore en 1632 para atraer a América a católicos ingleses e irlandeses. Los franceses llenaron Nueva Francia de misiones jesuíticas para evangelizar a los iroqueses y los hurones, fundaron seminarios y establecieron reducciones como la de Sillery o la de L'Ancienne-Lorette al estilo de las españolas de Paraguay. Si los españoles evangelizaron más se debió a que ocuparon más espacio y a que una de las justificaciones de la conquista era evangelizar a los indígenas. No es un detalle menor este. En 1493, el papa Alejandro VI concedió a los Reyes Católicos la soberanía sobre las Indias Occidentales, pero condicionándola a la evangelización de aquellas tierras.

La independencia de los virreinatos americanos se cita como otra de las excepcionalidades españolas. Fue un proceso rápido, de apenas quince años, impulsado por las ideas que habían provocado la Revolución francesa en 1789, la guerra de Independencia de Estados Unidos en 1776 y la Revolución haitiana de 1804. El detonante fue la invasión de la península ibérica por parte de Napoleón Bonaparte en 1808. Fue una consecuencia seguramente inevitable de aquel momento histórico. Los virreinatos españoles en América eran especialmente prósperos, por lo que sus autoridades, conscientes de lo que estaba sucediendo en la metrópoli, decidieron crear juntas de Gobierno que derivaron en autoridades independientes. Inspirados por lo que habían hecho los colonos británicos en Norteamérica unos años antes, la independencia no tardó en ganar adeptos y se terminaron poniendo por su cuenta. Las ideas que los movían eran las mismas que a los liberales peninsulares que redactaron la Constitución de Cádiz de 1812. Era el signo de los tiempos y afectó a todo el continente. En esa misma época se independizó el Brasil portugués a pesar de que la reina María y su corte se trasladaron a Río de Janeiro para escapar de la invasión francesa. En septiembre de 1822, solo un año después de la de México, se proclamó la independencia de Brasil. En ambos casos escogieron la fórmula monárquica, los mexicanos en la figura de Agustín de Iturbide y los brasileños en la de Pedro de Braganza. La monarquía brasileña sería algo más duradera que la mexicana, la mantuvieron hasta 1889, momento en el que proclamaron la república. La única excepción fue Canadá, que se mantuvo como colonia británica hasta que, de forma muy gradual, fue desvinculándose de la metrópoli. Nunca lo han hecho del todo, ya que el Reino Unido y Canadá siguen unidos por la Corona.

La pérdida repentina de la práctica totalidad de un imperio tampoco era algo nuevo. Los franceses se vieron forzados a entregar casi todas sus posesiones ultramarinas en 1763 tras la guerra de los Siete Años. El Reino Unido y España se repartieron el virreinato de Nueva Francia. Los primeros se quedaron con Canadá, los segundos con Luisiana. En el Caribe tuvieron que transferir a los británicos las islas de Dominica, San Vicente, Granada y Tobago, Senegal en África y casi todos los puertos que controlaban en la India. Haití la perdieron en el curso de la Revolución francesa y en esa misma época los británicos los sacaron de Egipto. En el siglo XIX se rehicieron levantando un nuevo imperio en África y el sudeste asiático, que hubieron de descolonizar a toda prisa después de la Segunda Guerra Mundial tras tener que lidiar con insurrecciones locales en Argelia, Madagascar, Camerún y Vietnam. Una vez independizado Brasil, los portugueses enfocaron su atención en África con las tres grandes colonias de Angola, Mozambique y la Guinea. Como en el caso francés, la descolonización fue traumática, vino acompañada de una guerra prolongada y frustrante que provocó un cambio de régimen en la metrópoli en 1974. En España, tras la pérdida de Cuba, Puerto Rico y Filipinas, se trató de rehacer un modesto dominio colonial en África partiendo de las concesiones obtenidas en la conferencia de Berlín de 1885, y del posterior acuerdo con Francia para repartirse Marruecos en dos protectorados. El protectorado marroquí fue una inagotable fuente de problemas durante los primeros años hasta que se pacificó en 1925 con el desembarco de Alhucemas. A diferencia de lo que sucedió con Francia o Portugal, la descolonización española fue suave, gradual, pacífica y acordada entre 1956 y 1976. Algo muy parecido, aunque a una escala muchísimo menor de lo que hicieron los británicos en la misma época.

El Imperio español, en definitiva, no fue excepcional. Se construyó de forma temprana en paralelo al portugués, y fue modelándose en función de las circunstancias hasta la extinción de todos los dominios coloniales a finales de siglo XX. Otros imperios como el francés en sus distintas fases fueron mucho más inestables y padecieron peores derrotas e infinidad de repliegues. El holandés se deshizo por completo a principios del siglo XIX y tuvo que reinventarse concentrándose en la actual Indonesia, ya que, salvo algunas islas del Caribe y Surinam, todo lo demás se lo transfirieron al Reino Unido. El portugués tuvo tres etapas bien diferenciadas: la primera focalizada en la exploración y el comercio con Oriente, la segunda centrada en Brasil y la tercera en las colonias africanas. Otras potencias europeas como Dinamarca, Suecia o Alemania trataron de establecer imperios ultramarinos y, o no lo consiguieron, o fueron muy efímeros. El Imperio belga se limitó al Congo, primero como propiedad privada del monarca y luego como colonia, y a una concesión comercial en la ciudad china de Tianjin que duró menos de treinta años. Cada uno de ellos tiene sus particularidades, pero ninguno es totalmente excepcional, todos se inscriben dentro de un proceso histórico mucho más amplio que los historiadores conocen como expansión europea.

El problema de España

Otro elemento de presunta excepcionalidad española es la inestabilidad política que siguió a la pérdida de los virreinatos y, especialmente, a la derrota de 1898 frente a Estados Unidos. Eso supuestamente convierte a España en un país problemático, cainita e incapaz de modernizarse. Los intelectuales de la generación del 98 se dolían por el llamado «problema de España» refocilándose en el pesimismo y la melancolía. Es cierto que esos acontecimientos sirvieron de antesala a cierta volatilidad política, guerras civiles y golpes de Estado, pero en eso España constituyó la norma, no la excepción. Lo insólito ha sido la proverbial estabilidad política del Reino Unido durante toda la edad contemporánea, fruto sin duda de la prosperidad económica generada por una industrialización temprana y la rutas comerciales de un imperio inusualmente extenso y disperso por todo el globo. Los británicos tenían para repartir y eso alejó las rebeliones internas y sus problemas asociados, algo parecido a lo que sucedió durante el punto álgido del Imperio español en los siglos XVI y XVII. Mientras Inglaterra y Francia se desangraban en querellas intestinas, el interior de España era un remanso de paz porque el rey iba sobrado de recursos, cargos y mercedes para mantener contentos a los aristócratas. Como dice el refrán, donde no hay harina, todo es mohína. Los imperios empiezan a tener problemas cuando se deshacen, nunca antes.

El resto de países de Europa atravesaron en los dos últimos siglos fases más o menos prolongadas de inestabilidad. En ese mismo periodo, España encadenó reinados complicados como el de Isabel II y el sexenio revolucionario que le sucedió, la guerra de Cuba, las dos repúblicas, la guerra civil de 1936 y la dictadura de Franco. Parece el no va más de la inestabilidad. Bien, hagamos algunas comparaciones. Empecemos con el vecino, con Francia. Desde que estalló la revolución en 1789 por Francia han pasado cinco repúblicas, dos imperios y tres dinastías, se ha metido en dos guerras mundiales de las que consiguieron salir bien librados gracias a sus aliados y en innumerables disputas coloniales de las que salieron escaldados. Fue derrotada y ocupada tras las guerras napoleónicas, sufrió otras dos revoluciones en 1830 y 1848 que provocaron la caída de Carlos X la primera y la de Luis Felipe de Orleans la segunda. El imperio de Napoleón III fue derrotado y humillado por los prusianos en 1871.

Ocuparon París, les exigieron reparaciones de guerra y los obligaron a ceder Alsacia y Lorena, dos regiones metropolitanas. Aquello encendió la violenta insurrección de la comuna de París que separó a la capital del resto del país durante meses. En 1914 fue invadida por los alemanes y solo después de cuatro años y medio de guerra consiguieron imponerse con ayuda británica y estadounidense. Dos décadas más tarde fue de nuevo invadida, esta vez en su totalidad y partida en dos zonas, una de ellas controlada directamente por los alemanes, mientras que en la otra los nazis establecieron un régimen títere al mando del mariscal Philippe Pétain. Si recuperaron su independencia fue gracias a que, de nuevo británicos y estadounidenses, que también estaban en guerra con Alemania, los apoyaron. Sus aliados efectuaron dos grandes desembarcos anfibios en Normandía y en la Provenza, y eso fue lo que permitió expulsar a los invasores. Tras la victoria hubo dos repúblicas y una descolonización traumática en Argelia.

Sigamos con Alemania. Aquí nos encontraríamos con que, tras la invasión napoleónica y un periodo de guerras que perseguían la unificación, esta se materializó en 1871. Cuando parecía que todo marchaba bien, declararon una guerra al Reino Unido, Francia y Rusia que perdieron con estrépito. El emperador abdicó, les impusieron una paz denigrante y se proclamó una república muy inestable que daría lugar en 1933 al régimen nacionalsocialista, que volvió a provocar una guerra, esta vez de mayor envergadura que hizo desaparecer Alemania como entidad política durante cuatro años. Renació dividida en dos Estados que se correspondían con las zonas de ocupación aliada. Hasta 1990 no se pudieron reunificar, pero la Alemania actual es un 34 % más pequeña que la de 1871. Grandes ciudades que en aquel entonces eran alemanas y estaban pobladas por alemanes como Königsberg, Stettin o Breslavia hoy forman parte de Rusia y Polonia, y sus habitantes de habla alemana fueron, en el mejor de los casos, deportados, en el peor, asesinados sin piedad. En las dos guerras mundiales murieron unos diez millones de alemanes con una proporción muy elevada de civiles. Tras la segunda hubo que reconstruir por completo el país y hasta la década de los noventa albergó en su suelo tropas de ocupación británicas, francesas, soviéticas y estadounidenses. Eso por no hablar de la carga de conciencia que supone para los alemanes su responsabilidad en el estallido de la guerra y en el apoyo masivo que brindaron a Adolf Hitler y al partido nazi, responsables directos del holocausto y de incontables crímenes de guerra.

El caso de Italia no es tan dramático y agitado como el de Alemania, pero la suya no es precisamente una historia contemporánea estable y tranquila. Se unificó en 1870 con la anexión de lo que quedaba de los Estados Pontificios. El nuevo reino de Italia se configuró como una monarquía parlamentaria, pero tras su participación en la Primera Guerra Mundial del lado aliado, el sistema se desestabilizó y cayó en manos del partido fascista de Mussolini que, respetando la figura del monarca, lo transformó en un régimen totalitario. En la Segunda Guerra Mundial entraron junto a los alemanes, pero pronto comenzaron a coleccionar derrotas en África y en los Balcanes. Los aliados desembarcaron en Sicilia en 1943 y fueron ascendiendo por la península durante los dos años siguientes. El Gobierno fascista se reconstituyó en el norte con apoyo alemán, lo que ocasionó que el frente italiano fuese uno de los más prolongados y sangrientos de todo el conflicto. Al terminar la guerra, fueron desposeídos de la península de Istria, de varios enclaves en Dalmacia y del pequeño imperio colonial que tenían en África y el Egeo. Tras ello se proclamó la república en un referéndum plagado de irregularidades.

La historia comparada permite, como vemos, colocar a cada uno en su sitio. La historia de España no es ni mucho más inestable ni mucho más atormentada que la de sus vecinos. De hecho, lo es algo menos porque sorteó sabiamente las dos guerras mundiales ahorrándose millones de muertos, una devastación material sin precedentes y quizá una humillante ocupación extranjera. Lo que sí padeció fue una guerra civil, pero no fue la única de este tipo en la Europa de esos años. En Rusia se libró una guerra civil mucho más sangrienta entre 1917 y 1922, en Finlandia hubo otra en esos mismos años. Los independentistas irlandeses también se declararon la guerra en 1922, un conflicto que de un modo larvado se mantuvo hasta finales de siglo. En Grecia estalló una guerra civil solo siete años después de que terminase la española. Eso por no hablar de la guerra civil que se desató en Italia en el curso de la Segunda Guerra Mundial entre los partidarios de los aliados y los del régimen fascista. A Mussolini no le colgaron en una gasolinera de Milán los aliados, sino los partisanos italianos que le habían atrapado junto a su amante cuando trataba de huir a Suiza. El periodo de entreguerras, marcado por el identitarismo que veíamos en el capítulo anterior, fue conflictivo en todo el continente. Sacó lo peor de todos y se tradujo en conflictos que afectaron a toda Europa.

Las escuelas del excepcionalismo

En este punto, el de la historia más reciente, confluyen las tres escuelas del excepcionalismo español. Unos aseguran que hasta 1936 todo fue más o menos bien y es el franquismo el que constituye la excepción por antonomasia, ya que después de la guerra se reinstauraron con éxito las democracias en toda Europa occidental, mientras España padeció los rigores de una dictadura durante tres décadas más. Otros están convencidos de que el franquismo no fue tan excepcional como se cree, sino una consecuencia de la Segunda República, que, a su juicio, fue la verdadera excepción, una democracia ejemplar, de existencia casi milagrosa derrocada por fuerzas reaccionarias como la Iglesia, el ejército y los terratenientes. Por último, los hay que arguyen que el franquismo puso fin a la excepcionalidad, es decir, que lo excepcional era lo anterior y Franco devolvió a España a su condición natural. En esta idea se fundamentaba el excepcionalismo franquista. La propaganda del régimen, especialmente en sus primeros tiempos, predicaba que todos los problemas de España provenían del parlamentarismo liberal que había traído el marxismo, la revolución y, en última instancia, la guerra civil. Franco era, por lo tanto, una vuelta a la normalidad histórica que superaba siglo y medio de banderías y pendencias. Argüían que el liberalismo y otras doctrinas políticas modernas no se podían aplicar en España porque la idiosincrasia de los españoles, depositarios de las reservas espirituales de Europa, lo impedía. Todos los empeños conducentes a normalizar el régimen con una serie de instituciones, ya fuesen de nuevo cuño o de pretendida inspiración histórica, iban dirigidos a atender la excepcionalidad política española. No existía semejante excepcionalidad, pero Franco quiso permanecer en el poder hasta el final de sus días. Eso obligó a los intelectuales del régimen a elaborar abstrusas explicaciones teóricas, que se plasmaron en lemas propagandísticos como el que incluyeron en una cartela sobre el nuevo escudo nacional, basado en el de los Reyes Católicos, que decía «Una, grande y libre», u otros igualmente extemporáneos como «Una patria, un Estado, un caudillo» o «Por el imperio hacia Dios». Todo era palabrería. A su muerte fueron los hombres del propio régimen franquista quienes pusieron en marcha la reforma que permitió recuperar la democracia y regresar de forma tranquila a la monarquía parlamentaria.

Ninguno de los tres excepcionalismos es cierto. Franco no fue una excepción. Los dictadores fueron una constante en la convulsa Europa de entreguerras. Cuando Franco se convirtió en líder de la sublevación militar en 1936, Europa estaba cuajada de dictaduras y regímenes autoritarios. En Alemania el de Adolf Hitler, en Italia el de Benito Mussolini, en Austria el de Kurt Schuschnigg, en la URSS el de Iósif Stalin, en Polonia el de Józef Piłsudski, en Hungría el de Miklós Horthy, en Grecia el de Ioannis Metaxas, en Yugoslavia el del príncipe Pablo, en Bulgaria el del Boris III, en Estonia el de Konstantin Päts, en Letonia el de Kārlis Ulmanis, en Lituania el de Antanas Smetona y en Portugal el de António de Oliveira Salazar. De todos ellos solo sobrevivieron Franco y Oliveira Salazar, porque ni España ni Portugal entraron en la guerra mundial. El resto, con la excepción de Stalin, fueron barridos por el conflicto, pero en la Europa del este se instauraron repúblicas populares de partido único con algunos dictadores bien conocidos, como el rumano Nicolae Ceaușescu o el alemán Erich Honecker, que se mantuvieron hasta el final de la guerra fría. La longevidad del régimen franquista se debió, por lo tanto, a que se mantuvo al margen de la guerra. A su término, Franco no suponía una amenaza directa para los aliados y le dejaron estar. Luego, ya en los años cincuenta, los estadounidenses vieron que podían utilizar en su provecho su anticomunismo declarado, lo que le granjeó inesperadas amistades. Algo parecido sucedió con Oliveira Salazar y su régimen del Estado Novo, que cayó tras el fracaso en la guerra colonial en 1974. En España y Portugal permaneció el *statu quo* político de entreguerras durante más tiempo que en otras partes de Europa por su neutralidad. De no haber sido así, ambos regímenes seguramente habrían caído en 1945, porque, por su naturaleza y afinidades, se encontraban en el bando derrotado.

El excepcionalismo franquista es todavía más fácil de refutar con la cronología en la mano. España se dotó de su primer sistema parlamentario tan pronto como en 1812, con las Cortes de Cádiz, que aprobaron una Constitución que figura entre las más antiguas del mundo. Duró poco la experiencia, porque el Congreso de Viena de 1815 quiso recrear el periodo anterior a la Revolución francesa en todo el continente. En España se reinstauró el absolutismo monárquico con el regreso de Fernando VII y a su muerte se recuperó el sistema parlamentario con la regencia de María Cristina de Borbón y su hija Isabel II. Ya no se abandonaría hasta la guerra civil, es decir, durante más de un siglo. Al morir Franco, el país volvió por la senda del parlamentarismo de forma consensuada. No hay nada en la idiosincrasia española que impida a los españoles organizarse políticamente así. Todo lo contrario, la monarquía parlamentaria ha sido en los últimos doscientos años la norma, no la excepción, y ha tenido por regla general un apoyo popular mayoritario. En eso no es muy distinto a cualquier otro país de Europa occidental, con la diferencia de que el parlamentarismo en España no metió al país en la Primera Guerra Mundial, cosa que sí sucedió con otros regímenes parlamentarios de la época.

Pero, pese a que los hechos son tozudos, ¿por qué se insiste tanto, para bien o para mal, en el excepcionalismo español? Se ha hecho y se sigue haciendo por razones políticas. El poder y quienes aspiran a ocuparlo saben de la fuerza que tiene la historia o, mejor dicho, de la fuerza de su manipulación para sus fines más inmediatos. Aunque inmoral, es relativamente sencillo ajustar los hechos históricos a una agenda política concreta. Aquí encontramos dos variedades de tramposos en función de su cercanía al poder. Los que lo detentan tratan de hacer ver que han llegado hasta ahí porque la historia los ha llevado en volandas. Era poco menos que inevitable que mandasen ellos y, por lo tanto, así debe seguir siendo. Los que quieren desbancarles tratan de hacer ver lo contrario, que todo permanecerá torcido hasta que ellos se hagan con el poder. Entonces podrán corregir el desaguisado y dar comienzo a una nueva era. En ambos casos, esta tergiversación de la historia tiene como consecuencia sembrar la duda y provocar la vergüenza, algo que inexorablemente se traduce en pesimismo, en cierta desazón interior por considerar que todo lo que nos precedió estuvo errado, o por creer que, por culpa de unos malvados, hemos desaprovechado grandes oportunidades. La historia de España y la de los países hispanoamericanos no es excepcional, no hay nada en ellas que las haga particularmente vergonzosas, pero tampoco particularmente gloriosas. La de España, en concreto, es larga, muy sugerente, y conocerla es fundamental para entender la historia del mundo. Pero no hay nada especial en ella o, al menos, nada más especial que la historia de cualquier otro país de Europa occidental. Utilicémosla como maestra para entender el presente, pero nunca como verdugo para fustigarnos a nosotros mismos.

Agradecimientos

Siempre he sido una persona optimista, los que me conocen bien lo saben, quizá por eso mismo mi editor, Félix Gil, me propuso hace unos meses dedicar un libro no a mi optimismo congénito, sino a lo contrario, a ese pesimismo que reina hoy por doquier. La idea fue suya y justo es reconocérsela. De no haber sido por él, seguramente nunca me hubiese planteado escribir algo así. El hecho es que me pareció un tema muy interesante y me puse a ello, pero antes tuve que consultar infinidad de fuentes, estructurar el contenido y hablar con amigos y conocidos que me fueron dando ideas y puntos de vista. Me es imposible recordar toda la gente con la que he hablado sobre esto, pero algunas conversaciones que tuve con Javier Rubio Donzé, José Soto Chica y Yeyo Balbás aún las tengo frescas en la memoria. Con Andrea, que revisó además el texto con sumo cuidado para hacerlo más asequible a casi cualquier lector, la deuda es doble porque, aparte de ideas, tuvo que poner una buena dosis de comprensión en los días de encierro para leer y escribir. Gracias a todos ellos.

Bibliografía seleccionada

CHILDERS, Thomas, 2019, *El Tercer Reich*, Barcelona, Planeta.

CIPOLLA, Carlo Maria, 2013, *Historia económica de la población mundial*, Barcelona, Booket.

DE HAAS, Hein, 2024, *Los mitos de la inmigración*, Barcelona, Península.

DIAMOND, Jared, 2016, *Sociedades comparadas*, Madrid, Debate.

FERGUSON, Niall, 2012, *Civilización: Occidente y el resto*, Madrid, Debate.

JOHNSON, Paul, 2007, *Tiempos Modernos*, Madrid, Homo Legens.

MAALOUF, Amin, 2012, *Identidades asesinas*, Madrid, Alianza Editorial.

MORRIS, Ian, 2011, *Why the West rules for now*, Londres, Profile Books.

MORRIS, Ian, 2013, *The Measure of Civilization*, Londres, Profile Books.

NORBERG, Johan, 2017, *Progreso: 10 razones para mirar al futuro con optimismo*, Barcelona, Deusto.

PAYNE, Stanley G., 1995, *Historia del fascismo*, Barcelona, Planeta.

RIDLEY, Matt, 2011, *El optimista racional*, Madrid, Taurus.

ROBERTS, J. M. y WESTAD, Odd Arne, 2014, *The Penguin History of the World*, Londres, Penguin.

SERVICE, Robert, 2009, *Camaradas*, Barcelona, Ediciones B.

VALDEÓN, Julio, PÉREZ, Joseph y JULIÁ, Santos, 2011, *Historia de España*, Madrid, Espasa.

WELSH, Frank, 2013, *The History of the World*, Londres, Quercus.